Mark Spörrle
Kommt Oma auf den Kompost, wenn sie tot ist?

PIPER

Zu diesem Buch

Ob es um die unmöglichen Kleidervorlieben der
kleinen Tochter, die Tücken eines Familienausfluges
oder die langwierige Suche nach einem verlorenen
Kuscheltier geht, manchmal ist es einfach zum Ver-
zweifeln mit den Kleinen. So stellt die Tochter ihren
Vater öffentlich unter Pupsverdacht, im Schwimmbad bleibt ihm nur die Damendusche und das weih-
nachtliche Plätzchenbacken gerät zum flammen-
den Inferno.
Die besten Geschichten aus Mark Spörrles be-
liebter ZEIT-Kolumne » Familienglück «. Umwerfend
komisch.
www.zeit.de/serie/familienglueck

Mark Spörrle, geboren 1967, ist Redakteur bei der
ZEIT und schreibt satirisch-humorvolle Bücher über
den irrwitzigen Alltag. Der Bahnreiseführer » Senk
ju vor träwelling «, den er mit Lutz Schumacher ver-
fasste, stand über ein Jahr unter den Top 20 der
Spiegel-Bestsellerliste. Mark Spörrle lebt mit seiner
Familie in Hamburg.

Mark Spörrle

Kommt Oma auf den Kompost, wenn sie tot ist?

Die besten » Familienglück «-Kolumnen

Piper München Zürich

Mehr über unsere Autoren und Bücher:
www.piper.de

Von Mark Spörrle liegt bei Piper vor:
Weg da, das ist mein Handtuch!

MIX
Papier aus verantwor-
tungsvollen Quellen
FSC® C083411

Originalausgabe
April 2013
© 2013 Zeitverlag Gerd Bucerius GmbH & Co. KG
Umschlaggestaltung: Eisele Grafikdesign, München
Umschlagabbildung: Isabel Klett
Satz: Kösel, Krugzell
Gesetzt aus der Droid Serif
Papier: Munken Print von Arctic Paper Munkedals AB,
Schweden
Druck und Bindung: CPI – Clausen & Bosse, Leck
Printed in Germany   ISBN 978-3-492-30345-3

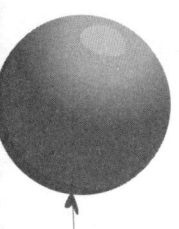

Inhalt

Warum wir immer zu spät
im Kindergarten sind

Es ist wie verhext, aber wir kommen oft zu spät in den Kindergarten. Jedenfalls an den Tagen, an denen der Morgenkreis pünktlich um 9 Uhr beginnt. Es gibt auch Tage, da kommen wir pünktlich, und prompt findet der Morgenkreis später statt. Weil eine Betreuerin krank und für Ersatz kein Geld da ist. Oder weil die Betreuerinnen darüber schimpfen, dass für Ersatz kein Geld da ist. Sie schimpfen so lange, bis ich atemlos mit Luise eintreffe. Also zu spät.

Neulich lief fast alles gut: Wir betraten den Kindergarten geduckt, das kann Luise schon ganz hervorragend, huschten den Flur entlang zu den Kleiderfächern, und noch im Laufen riss ich Luise Fahrradhelm, Jacke und Schuhe herunter. Gerade wollte ich die Tür öffnen, hinter der die anderen Kinder sangen, und meine Tochter in den Raum schieben. Da stand ein Schatten vor uns. Martha, die Erzieherin. Ich richtete mich hastig auf.

»Können Sie nicht ein einziges Mal früher kommen?« Keine Frage. Ein Vorwurf.

»Doch«, wollte ich die Sache abtun, »leider klappt es nicht immer.«

»Warum nicht?«, beharrte sie.

»Ich würde ja gerne«, wand ich mich, »aber Luise ...«

Ihr Blick glich dem einer Lehrerin, der man erzählt, das Heft mit den Matheaufgaben sei eben einer unerklärlichen Selbstentzündung zum Opfer gefallen.

»Warum«, sie betonte jedes Wort, »gehen Sie nicht einmal früher los? Ihrem Kind zuliebe?«

Ich schwieg. Erstens glaube ich, dass Erzieherinnen wissen sollten, dass Erwachsene wissen, dass man pünktlich sein sollte. Dass Erwachsene also nur zu spät kommen, wenn es nicht anders geht und sei es jeden Tag. Zweitens, und das war peinlich, hatte sie recht.

Nachdem das Ganze etliche Male passiert war, rief mich Martha an und fragte, ob ich nur den Morgenkreis boykottieren wolle oder in einer persönlichen Krise sei.

»Es liegt an Luise«, sagte ich, sonst rede ich nie so über meine Tochter. »Am Wochenende, in den Ferien steht sie alleine früh um sechs auf und weckt uns. An Morgenkreis-Tagen denkt sie nicht daran.«

Martha lachte, offenbar dachte sie, ich mache einen Witz.

»Sie denkt auch nicht daran, ins Bad zu gehen oder sich anzuziehen«, fuhr ich fort. »Sie trödelt. Egal, ob wir sie bitten, schmeicheln, kuscheln, ob wir sie ermahnen, ihr drohen ...«

»Kein Wunder«, rief Martha. »Ihr dürft nicht drängen. Drängen provoziert unselbstständiges Verhalten. Euer Kind braucht Zeit. Ihr müsst mehr Zeit einplanen.«

Am nächsten Morgen planten wir mehr Zeit ein und stellten den Wecker 60 Minuten früher. Wir kamen eine Stunde zu spät. Marthas Blick war vernichtend.

In der Mittagspause bat ich erfahrene Väter um Hilfe. »Wir machen immer einen Wettbewerb aus dem Angeziehe«, verriet ein Kollege, der offenbar ganz erfolgreich vier Kinder mit mehreren Frauen hat. »Und wenn das nicht klappt: Zieh dich einfach an und tue, als ob du gehst. Was meinst du, wie schnell deine Kleine hinterhergelaufen kommt.«

Also machten wir einen Wettbewerb. Luise ließ es allerdings völlig kalt, dass meine Liebste und ich zuerst angezogen waren. Während wir triumphierend, weil ausgehfertig um ihr Bett tanzten, gähnte sie ausgiebig. Erst als wir uns feierlichst von ihr verabschiedet hatten, die Wohnungstür angeblich hinter uns zugeschlagen war und wir uns mit angehaltenem Atem im Gästebad versteckten, hörten wir ein Kichern aus ihrem Zimmer. »Mama, Papa«, rief sie. »Kommt wieder raahauus!«

»Versucht es doch mal mit einem Belohnungssystem«, sagte unser Nachbar, den ich vor dem Fahrstuhl traf. »Ist zwar eigentlich für Ältere wie unseren Jonas. Aber ganz einfach.«

Jonas bekam für jeden Tag, an dem er sich gut führte, eine Sonne. Für jeden Tag, der so na ja lief, eine Wolke. Und für jeden miesen Tag einen Blitz. Zwei Sonnen entsprachen einem Belohnungspunkt, eine Wolke gab null Punkte, ein Blitz einen Punkt Abzug. Drei Wolken ergaben allerdings wieder einen Blitz. Waren drei Belohnungspunkte zusammen, wusste Jonas zwar nicht genau, warum, aber er bekam eine Packung Fußballerbilder oder ein Eis und für fünf Punkte eine tolle Überraschung.

Als ich versuchte, Luise abends das System zu erklären, schlief sie ein.

Meine Liebste vertiefte sich ins Internet.

»Ich hab's«, rief sie dann, »hier in diesem Forum steht, man solle hartnäckige Trödelkinder die Konsequenzen ihres Tuns spüren lassen.«

»Und«, fragte ich, »was heißt das?«

»Es klingt ziemlich hart«, sie stockte, »aber wenn sie nicht freiwillig mitmacht, müsstest du sie eigentlich ungewaschen und nackt im Kindergarten abgeben.«

»Sag mal«, fiel mir ein, »ich müsste morgen früher in die Arbeit. Könntest nicht wieder mal du …?«

»Leider nicht«, sagte meine Liebste. »Wir haben in der Firma ein Personalproblem …« Sie las weiter. »Aber wenn man sieht, was mit anderen Kindern so los ist, ADHS, Fettleibigkeit, Vaterphobie …«

»Vaterphobie?«

» … ja, wenn ein Kind ständig vor seinem Vater flieht … Also, da sind wir mit dem bisschen Zuspätkommen noch gut dran.«

Ich werde das Martha erklären.

Kind niest, Eltern in Panik

Es gibt ein Thema, das bei uns tabu ist. Über das wir ganz bewusst nicht sprechen. Vor dem wir Angst haben. Vor allem im Herbst, wenn es kühler wird, zugiger. Oder im Winter. Manchmal auch im Frühling. Selbst im Sommer – also: ziemlich oft.

Eines Abends saßen meine Liebste und ich im Wohnzimmer, Luise lag im Bett und schlief, der Gespenster wegen bei offener Tür. Deshalb hörten wir es deutlich: Sie begann zu niesen.

Meine Liebste riss die Fernbedienung hoch, stellte Marietta Slomka leise und lauschte. Wir beide zählten.

Luise nieste einmal, zweimal, dreimal. Machte eine kurze Pause. Und nieste dann wieder. Ein-, zwei-, drei-, viermal.

Es wurde plötzlich sehr kalt bei uns im Wohnzimmer.

»Es fängt wieder an.« Die Stimme der Liebsten zitterte leicht.

»Nicht unbedingt«, sagte ich, »vielleicht hat sie auch nur ein Stäubchen in der Nase. Ach, guck doch mal, was Marietta Slomka für ein Schnäuzchen macht!«

»Lenk nicht ab«, sagte meine Liebste. »Die nächste Husten-, Schnupfen- und Erkältungswelle ist im Anrollen. Und unsere Tochter ist dabei. Pass auf, gleich wird sie wieder niesen: drei, zwei, eins ...«

Luise nieste. Fünfmal.

Meine Liebste griff zu ihrem Kalender, ich zu meinem iPhone.

»Wenn sie morgen Fieber bekommt«, begann sie, »kann ich unmöglich bei ihr bleiben. Ich muss jede Menge Themen absprechen und habe wichtige Kundengespräche.«

»Ich habe wichtige Termine«, befand ich. »Hochwichtige Termine.«

»Ich kann bei mir nichts verschieben«, sagte meine Liebste, »völlig ausgeschlossen. Es geht um viel Geld.«

»Ich auch nicht«, sagte ich. »Alles würde zusammenbrechen. Die Euro-Krise würde sich verschärfen. Wenn Luise am Mittwoch in acht Tagen krank würde, das ließe sich einrichten. Aber so ...«

Meine Liebste starrte mich an. Ich starrte zurück.

Luise ist in einer Phase, die Kindergärtnerinnen als »Das ist ganz normal, da muss jedes Kind durch, das stärkt die Abwehr« bezeichnen. Eine Phase, die für Haushalte mit streng konservativer Rollenverteilung nicht tragisch sein mag. Für zwei Berufstätige schon.

Wir schlichen ins Kinderzimmer und prüften, ob Luise sich heiß anfühlte. Ich war der Ansicht nein. Meine Liebste glaubte ja, und sicherlich hatte sie recht. Morgen früh würden wir messen, und insgeheim tippte ich auf 38,8.

Wir schlichen zurück ins Wohnzimmer und führten unsere Verhandlungen fort.

»Können wir den Tag aufteilen?«, fragte meine Liebste. »Morgens du, nachmittags ich?«

Ich checkte nochmals meine To-do-Liste und dachte an meine Kollegen. »Unmöglich. Geht es nicht andersrum?«, fragte ich.

Meine Liebste schüttelte den Kopf. »Wer geht mit ihr zum Kinderarzt und holt die Krankenbescheinigung? Kannst du das mal machen?«

»Mal?«, fragte ich zurück. »Ich war schon öfter mit ihr beim Arzt ...«

»Ich etwa nicht?«, fragte meine Liebste.

Wir reden sonst nicht so miteinander, aber wir hatten schon viele Gespräche zu diesem Thema und haben dabei zumindest eins gelernt: uns nicht mehr anzuschreien.

»Können wir nicht einfach eine der Babysitterinnen holen«, fiel mir ein. »Oder deine Mutter?«

»Du weißt, dass Mama wieder krank ist«, sagte meine Liebste. »Außerdem: Wenn Luise krank ist, braucht sie uns. Wenigstens einen von uns.«

Ich nickte. »Und du könntest wirklich nicht ausnahmsweise ...?«

Um ein Haar hätte meine Liebste vergessen, dass wir gelernt hatten, uns nicht mehr anzuschreien.

»Wo hat sich Luise eigentlich schon wieder angesteckt?«, lenkte ich schnell ab.

»Wahrscheinlich bei Mia. Die läuft schon seit Tagen so komisch rum.«

»Und ihre Eltern schicken sie trotzdem in den Kindergarten, damit sie alle anderen Kinder anstecken kann?«

Meine Liebste zuckte die Schultern. »Klaus arbeitet rund um die Uhr, weil alle seine Kollegen schon mit Fieber im Bett liegen. Sabine hat ein wichtiges Projekt. Und ihr Chef hält Eltern mit kleinen Kindern sowieso für Minderleister.« Ich kannte Sabines Chef, er war in der Kommunalpolitik, hielt schöne Reden zur Vereinbarkeit von Familie und Beruf, und seine Frau passte zu Hause auf die Kinder auf.

Luise bekam wieder einen Niesanfall. Es klang nach mindestens fünf Werktagen krankes Kind. Ich setzte mich an meinen Computer und versuchte, einen Text über die heimtückischen Jahreszeiten fertig zu schreiben, solange ich noch konnte. Meine Liebste rief ihre Kolleginnen an und bat sie, in den nächsten Tagen früher anzufangen und so viel wie möglich vorzuarbeiten, damit sie, wenn auch sie krank war, von daheim weiterarbeiten konnte. Anschließend legten wir das Fieberthermometer bereit, bereiteten einen Streptokokkentest vor und baten Freunde per SMS, Luise im Kindergarten zu entschuldigen. Die Freunde smsten zurück, sie könnten das nicht garantieren, ihre Kinder seien vermutlich gerade dabei, krank zu werden.

Wir gingen spät ins Bett, und ich träumte, Luise habe weit über 39 Fieber.

Morgens weckten wir sie und maßen.

Sie hatte keins.

Meike Säckdschen kauft drei dicke Damen

Eigentlich wollten wir mit Luise am Samstag in den Wildpark fahren, wo in diesen Tagen die Hirsche röhren, aber wir ließen es dann doch. Luise ist gerade in einer extremen Warum-Phase, und irgendwie fürchteten wir, dass ein Mädchen in ihrem Alter noch zu klein ist, um am Beispiel brünftiger Hirsche und williger Hirschkühe aufgeklärt zu werden.

Während wir noch frühstückten und nach Alternativen suchten, begann Luise ein Lied zu singen: »Meike Säckdschen fliegt nach Spanien/ kauft sich dort drei dicke Damen/ die eine machte Hula hula/ die andere machte pingpengpong/ die andere sagte: Meiiike Säckdschen ...«

Wir sind hart arbeitende, chronisch übermüdete Eltern, aber nach der fünften identischen Wiederholung erwachte unsere Neugier doch. Wir fragten Luise, woher das Lied stamme. »Aus dem Kindergarten«, sagte sie.

»Und wer ist Meike Säckdschen?«, fragte ich. »Eine neue Praktikantin?«

Meine Liebste verdrehte milde die Augen. Es stimmte, die Praktikantinnen in unserem Kindergarten verdienen zu wenig für solche Ausflüge.

Luise dagegen grinste nur geheimnisvoll, ich hatte gar nicht gewusst, dass sie das schon konnte.

Meine Liebste sagte auf Englisch, damit Luise es nicht verstand, sie werde wegen der käuflichen Damen mal lieber bei anderen Eltern nachfragen, was für ein Typ dieser Kita-Musikpädagoge sei.

Als sie telefoniert hatte, kam sie kichernd zurück.

»Du wirst es nicht glauben, wer Meike Säckdschen ist: Michael Jackson! Dieses Lied ist so etwas wie ein Abzählreim.« Und zu Luise sagte sie: »Michael Jackson hat Musik gemacht, guck mal, wir haben noch eine alte Platte mit ihm drauf!«

Luise betrachtete fasziniert das Plattencover von *Thriller*.

»Macht der jetzt keine Musik mehr?«, fragte sie dann.

»Nein«, sagte meine Liebste und stockte, denn auf diese Art Frage war sie nicht vorbereitet. Ich war auf diese Art Frage erst recht nicht vorbereitet. Meine Liebste entschloss sich, die Wahrheit zu sagen.

»Er kann keine Musik mehr machen, weil er gestorben ist«, sagte sie.

»Gestorben?«, fragte Luise.

»Er ist tot«, half ich. »Er ist nicht mehr da.«

»Wo ist er?«, fragte Luise. »In Spanien?«

»Nein, wenn man tot ist, ist man ganz weg«, sagte meine Liebste.

»Wo denn?«, fragte Luise unerbittlich.

»Man weiß es nicht genau«, wand sich meine Liebste, »wahrscheinlich im Himmel.« Vermutlich war das pädagogisch nicht ganz astrein, aber Luise nickte beeindruckt und sah aus dem Fenster nach oben. »Können wir ihn sehen, wenn wir zu Tina und Alex nach München fliegen?«

»Nein«, half ich wieder aus, »er ist noch höher oben.«

»So hoch wie die Sterne?«, fragte Luise.

»Noch höher«, ächzte ich. Gott sei Dank fragte Luise nicht nach, ob Michael Jackson dort oben denn nicht kalt werde. Und ob denn wirklich sicher sei, dass er dort oben sei, wenn man ihn nicht sehen könne.

»Warum ist er gestorben?«, fragte sie stattdessen.

Meine Liebste erklärte, Michael Jackson sei sehr krank gewesen und dass man manchmal sterben müsse, wenn man sehr krank sei. »Oder«, fügte sie leider hinzu, »oder sehr alt.«

»Wie alt?«, fragte Luise. »Wie Oma und Opa?«

»Neiiin«, sagte ich schnell, »viel, viel älter!«

Luise sah mich an, dann das Plattencover, und in ihrem Kopf arbeitete es sichtlich.

»Aber«, begann sie dann, »aber, Meike Säckdschen ...«

»... Jackson!«, warf meine Liebste ein, bemüht abzulenken, »Jackson, sag mal Jackson! Jackson!«

Luise dachte nicht daran. »Meike Säckdschen war aber nicht so alt wie Oma und Opa!«

»Nein«, musste ich zugeben. »Aber das hat nichts zu sagen ...«

Ganz in Gedanken ging unsere Tochter zum Bücherregal. Meine Liebste und ich wechselten erleichterte Blicke. Aber nur ganz kurz, denn in der Zwischenzeit hatte Luise sich das Telefon geschnappt und eine Kurzwahltaste gedrückt.

»Oma«, begann sie das Gespräch, bevor ich ihr den Hörer entreißen konnte, »wann stirbst du? Papa hat gesagt, du bist schon alt genug ...«

Beim nächsten Mal fahren wir in den Wildpark.

Papa hat gepupst

Mit einem kleinen Kind verschieben sich die Gesprächsthemen im Familienkreis. Körperausscheidungen aller Art etwa faszinierten unsere Tochter, seit sie merkte, dass sie ohne Windeln zurechtkam. Damals verbrachten wir einige Tage in einem Ferienclub und saßen abends mit vielen anderen Urlaubern im Restaurant. Dann kam Luise von der Toilette zurück und schrie mir durch den ganzen Raum stolz entgegen: »Papa, ich hab ein ganz großes A-a gemacht!« Meine Antwort ging in allgemeinem Gelächter unter.

Diese anale Phase ist offenbar ungemein wichtig für die kindliche Entwicklung, und Experten raten davon ab, sie mit Verboten zu überfrachten. Also haben Kinder auch danach bei gewissen Körperäußerungen noch nicht die Skrupel, die Erwachsene haben.

Neulich flogen wir mit Luise von Hamburg nach München. Warum, das wurde schnell zweitrangig, denn unsere Tochter hatte heftige Blähungen. Als wir die Reiseflughöhe erreicht hatten, wartete Luise, bis es gerade schön still im Flugzeug war. Dann gab sie einen lauten, unmissverständlichen Ton von sich.

Die ältere Frau in der Sitzreihe vor uns zuckte zusammen. Der Mann links von uns sah von seinem Laptop auf.

Meine Liebste und ich verständigten uns wortlos zu tun, was selbst die höflichsten Eltern in solchen Fällen erst einmal tun: so, als sei nichts.

Kaum hatten sich die Frau wieder in ihr Klatsch-blatt vertieft und arbeitete der Laptopmann weiter, tönte es wieder von Luises Fensterplatz. Noch lauter als zuvor.

Die Frau von vorn fuhr zusammen, als habe sie etwas gestochen, und sah nach hinten. Für den Laptopmann hingegen war die Sache klar. Er sah mich kopfschüttelnd an.

Ich setzte ein väterlich entschuldigendes Lächeln auf und wollte verbindliche Worte folgen lassen: dass ein kleines Mädchen halt ab und zu noch vergesse, dass das geräuschvolle Erleichtern des Darms zwar allein oder in Anwesenheit eines verschwiegenen Elternteils in Ordnung sei. Aber in voll besetzten Flugzeugen gar nicht gehe.

Doch da zog mir schon die Geruchswolke in die Nase. Eine enorme Geruchswolke. Ich versuchte verzweifelt, sie mithilfe der Belüftungsdüsen über meinem Kopf zu stoppen, zu zerstreuen oder wenigstens unter Kontrolle zu halten. Umsonst. Ich wedelte mit zwei Bordzeitschriften – wieder umsonst.

Mister Laptop sog die Luft durch die Nase, verzog angewidert den Mund. Sah her und sagte zu mir: »Können Sie sich nicht beherrschen?«

Wie gesagt: Er sagte es – zu mir! Er dachte tatsächlich, dass ich, ein erwachsener Mann, ich trug obendrein Sakko ...

»Es tut mir wirklich leid«, stellte ich richtig. »Unsere Tochter hat starke Bauchschmerzen. Es war keine böse Absicht ...«

Er beugte sich überrascht vor, offenbar hatte er Luise noch gar nicht gesehen. Sein Gesicht wurde freundlicher.

»Komm, Luise«, sagte meine Liebste, »wir gehen auf die Toilette!« Hinter uns erhob sich ein Mann im Anzug, murmelte etwas von »schnell noch frische Luft schnappen« und lief hastig auf die WC-Kabine zu.

»Komm, Luise«, wiederholte meine Liebste.

»Nein!«, krähte Luise, laut und mit der glockenhellen Stimme eines unschuldigen Kindes. »Papa hat gepupst!«

Spätestens jetzt gehörte uns die Aufmerksamkeit sämtlicher Fluggäste.

»Luise«, lächelte ich, »das stimmt nicht.«

»Papa hat gepupst!«, beharrte meine Tochter. Sie ist mal wieder in einer Phase. Ihre Kindergartenfreundinnen auch. Sie alle lieben es, vehement das Gegenteil der Wahrheit zu behaupten und zu beobachten, was dann passiert. Auch das ist sicher ungemein wichtig für die kindliche Entwicklung.

Aber davon wussten die Leute in diesem Flugzeug nichts. Sie begannen zu kichern und zu tuscheln. Ich merkte, wie mir das Blut ins Gesicht stieg.

»Luise«, begann ich, »du sollst nicht schwindeln …!«

»Unglaublich!« Die Frau vor uns fuhr herum und musterte mich böse. »Dass Sie sich nicht schämen, das Ihrem Kind in die Schuhe zu schieben! Puh, das stinkt ja widerlich. Das ist ja ekelhaft!« Hektisch riss sie eine Parfumflasche aus ihrer Handtasche und sprühte mehrmals in die Luft. Ein atemberaubender Duftcocktail aus Blüten, Moschus und Pups breitete sich im Flugzeug aus. »Also bitte!«, sagte eine andere Frau. »Muss das sein!?«

Die Frau vor uns sprühte erneut. Diesmal in Richtung der anderen Frau.

Mir fielen schlagartig Geschichten über Probleme mit der Frischluftzufuhr in Flugzeugen ein. Und über Piloten, die schon bei viel geringfügigeren Konflikten kostenpflichtig notgelandet waren.

Dann waren zwei Flugbegleiterinnen bei der Frau mit dem Parfum und fragten, was in sie gefahren sei.

»Die Frau hat gepupst!«, rief Luise.

Der Supermarkt des Grauens

Ich bin ein sensibler Mensch, aber als Vater muss man manchmal ein knallharter Hund sein. Ein Fels. Eine Festung.

Zum Beispiel, wenn man mit der Tochter einkaufen geht.

»Luise, Süße«, sagte ich vor dem Supermarkt. »Wir müssen schnell noch Milch und Haferflocken kaufen. Ich möchte aber nicht, dass wir zwei dabei Ärger bekommen, verstehst du?«

Luise nickte.

»Wenn du gut mitmachst, darfst du dir einen leckeren Vanillequark aussuchen«, fuhr ich mit sanfter, aber stählerner Stimme fort. »Oder einen Joghurt. Aber nur eins von beiden. Nichts anderes. Und nichts Süßes, davon hast du heute schon genug gehabt. Abgemacht?«

»Gut«, sagte mein kleiner Schatz.

Hinter der Schiebetür griff sich Luise einen dieser bunten, scheinbar niedlichen Kindereinkaufswagen, die Kinder animieren sollen, in ihnen über-flüssige Dinge aufzuhäufen. Damit das ganz leicht geht, ist jeder Supermarkt so gestaltet, dass sich Milch und Haferflocken möglichst weit weg vom Eingang befinden. Und man auf dem Weg dorthin an jeder Menge Benjamin-Blümchen-DVDs vorbei muss, an Glitzershirts, Fillypferd-Heften und Stoff-tieren aus China.

Bei den Haarspangen blieb Luise stehen.

»Papa«, sagte sie, »kann ich bitte diese Marien-käferhaarspange? Bitte!«

Die Haarspange war mindestens so süß wie all die anderen Marienkäferhaarspangen, die Luise daheim hatte, aber ich musste darauf bestehen, dass Haarspangen weder Quark noch Joghurt wa-ren.

»Menno Papa!«, rief Luise. »Ausnahmsweise!«

Es war schwer. Aber Kinderpsychologen warnen, in solchen Situationen auch nur eine Handbreit nachzugeben, außer man möchte Haarspangenvor-räte für einen ganzen Kindergarten anlegen.

Luise ging grummelnd weiter, suchte sich belei-digt einen Vanillequark aus und stoppte dann beim Pixibuch-Stand. Ein prall gefüllter Plastikkelch, den die Supermarktstrategen jede Woche woanders platzieren, damit einkaufende Eltern keine Chance haben, ihn zu meiden.

»Dann will ich wenigstens ein Buch!«, rief Luise.

»Luise!«, mahnte ich. Ich liebe Bücher, selbst Pixi-bücher. Aber Kinderpsychologen warnen erst recht davor, beim zweiten Mal nachzugeben: Das Kind könnte glauben, es habe sich erfolgreich durchge-setzt, würde fortan immer unmäßiger und schließlich Hedgefonds-Verwalterin oder griechische Staatspräsidentin.

»Ein einziges!«, forderte Luise. »Ich habe gar keins mehr! Das Buch mit den Mäusen, Papa!«

Ich erinnerte sie daran, was sie vor der Tür versprochen hatte, und bat sie weiterzugehen.

»Oh Menno«, rief Luise. »Das ist ungerecht!«

Ich muss nicht groß erwähnen, was Kinderpsychologen Furchtbares für den Fall prophezeien, dass man beim dritten Mal nachgibt.

»Komm, Luise«, befahl ich, schob mich vorbei an einem älteren Ehepaar, das meine Tochter mitfühlend und mich verständnislos ansah, und ging in Richtung Kasse. Luise folgte schimpfend.

Es war noch nicht vorbei. Vor der Kassenzone ballten sich auf mindestens zehn Regalmetern Länge Süßigkeiten und Softdrinks, alles Dinge, für die vernünftige Eltern niemals stoppen würden.

Wäre da nicht die Warteschlange, die genau vor den Schokoriegeln endete.

Luise zeigte auf den Erstbesten: »Den will ich!«

»Luise!«, sagte ich streng.

»Den möchte ich bitte haben!«

»Du weißt, was wir ausgemacht haben. Du hast deinen Quark.«

Luise begann zu quengeln.

Ich bat sie aufzuhören, außer sie wolle ihren Quark zurückgeben.

Die Frau vor uns drehte sich um und maß mich mit einem verächtlichen Blick. Ich konnte das verstehen: Früher fand auch ich nichts unsympathischer als erwachsene Männer, die beim Einkaufen kleine Kinder erpressten.

»Ich DARF den haben!«, sagte Luise. »Ich nehme ihn jetzt!«

Ich sagte ihr, das werde sie nicht tun, wir hätten immer noch eine Abmachung. Und sie solle den Schokoriegel sofort wieder zurückstellen.

»Wenn ich eine Mandarine esse, darf ich ihn dann haben?«

»Nein, Luise! Und jetzt möchte ich nicht mehr drüber reden!«

»Wenn ich zwei Mandarinen esse? Ganz große? Oder drei? Ja, so machen wir es, gut?«

In unserem Publikum erhob sich unterdrücktes Kichern.

»Luise, hör jetzt auf!«

Luise stieß einen schrillen Schrei aus. Ein junger Mann wechselte zur Nachbarkasse.

»Du bist echt fies!«, rief Luise. »Du bist voll gemein!«

»Luise, hör auf zu schreien! Stell den Schokoriegel wieder zurück! Aber schnell!«

Eine Frau weiter hinten murmelte vernehmlich, die Väter von heute seien wirklich unerträglich.

Ich entwand Luise den Schokoriegel und steckte ihn zurück.

»Nie darf ich was haben«, lamentierte sie in Kleinmädchentonfall. »Keine Haarspange, kein Buch und nicht mal eine kleine Süßigkeit! Alle anderen Kinder dürfen was haben, nur ich nicht! Alles verbietest du mir, alles! Hast du mich adoptiert?«

»Haben Sie doch ein Herz«, sagte jemand hinter mir. Die ältere Frau, die ich mit ihrem älteren Mann beim Pixibuch-Stand gesehen hatte. »Kaufen Sie dem Kind doch wenigstens eine Kleinigkeit!«

Ich erwiderte, dass Kinderpsychologen davon abrieten.

Die Kassiererin forderte mich auf, endlich zu bezahlen, »was meinen Sie, wie ich mich ärgere, dass ich nicht die andere Schicht genommen habe!«.

»Ich kann mich nur entschuldigen«, sagte ich.

»Was ist mit dem Schokoriegel?«, fragte sie.

»Wie bitte?« Fing die Kassiererin jetzt auch schon damit an?

»Mit dem Schokoriegel, den Ihr Kind in der Hand hält! Oder denken Sie, ich sehe das nicht?«

»Luise, tu ihn zurück, sofort, zum allerletzten Mal, sonst gibt es richtig großen Ärger!«

Schniefend gehorchte meine Tochter und begann, beleidigt vor sich hin zu heulen.

Ich hatte Schwierigkeiten zu bezahlen, denn ich hatte feuchte Hände, zu wenig Bargeld, und mir fiel die Geheimzahl für die EC-Karte nicht mehr ein. Die Kassiererin winkte eine stämmige Mitkassiererin als Verstärkung herbei.

Als ich die Geheimzahl zum dritten Mal falsch eingab, hörte Luise wenigstens auf zu heulen.

Die Mitkassiererin lächelte mir gutmütig zu. »Ich habe der Kleinen einen Lolly gegeben, das hilft immer, wenn sie schreien.«

Kinderkunst

Meine Tochter produziert Kunst. Nicht wie dieses etwa gleichaltrige Mädchen aus Melbourne, dessen Bilder ab 5000 Dollar verkauft werden. Meine Tochter produziert Kunst am laufenden Band. Und weit mehr als die paar Zeichnungen, Gemälde, Skulpturen, die meine Liebste und ich stolz aufhängen.

Neulich etwa, als ich in Gedanken ein paar bunte Schnipsel vom Tisch nahm und in den Mülleimer warf, begann Luise zu brüllen. Denn bei den Schnipseln, übrig geblieben beim Ausschneiden einer Krone aus Glanzpapier, handelte es sich um »Prinzessinnen-Diamanten«. Glücklicherweise konnte ich die meisten der Edelsteine noch retten: Das lapidare Entsorgen von kreativen Schöpfungen im Abfall gehört zum Schlimmsten, was Eltern ihren Kindern antun können.

Luise stopfte die Schnipsel schniefend in ihre Schatzkiste. In die dritte oder vierte Schatzkiste, und auch die war schon prallvoll mit ausgeschnittenen Kronen, Herzen und Igeln unterschiedlichster Vollendung, mit angefangenen Blumen-und-Mädchenbildern und zusammengeklebten Gebilden in allen denkbaren Größen. Um ehrlich zu sein: Luises ganzer Schrank war voll mit dem Zeug. Und ihr Regal. Und ein Regal im Wohnzimmer. Und dann waren überall in der Wohnung diese Stapel.

»Was hast du?«, gab sich meine Liebste positiv arglos. »Es ist doch gut, dass sie so gerne malt und bastelt!«

Ich seufzte. Natürlich war es toll, dass Luise so talentiert in jeder Hinsicht war. Beispielsweise hatte sie beim Malen schon die Kopffüßler-Phase hinter sich gelassen.

»Aber«, fragte ich und räumte einen Stapel Wasserfarben-Versuche beiseite, damit ich mich aufs Sofa fallen lassen konnte, »müssen wir wirklich alles aufheben? Jedes schnelle Gekritzel? Jedes Blatt mit einem Strich? Jeden zusammengeknüllten Fetzen Papier? Weißt du, wie klein unsere Wohnung dadurch wird?«

Meine Liebste sagte, unsere Wohnung sei eben klein. Und wir hätten ja diverse Versuche unternommen, unsere Tochter zum Aussortieren überflüssiger Kunst zu bewegen: jeder vergeblich. Alles andere sei unpädagogisch. Selbst wenn es sich um das grauenhaft hässliche, hüfthohe, quietschgrüngelbe Gebilde aus Hunderten verklebten Klorollen handle. Das jeden, der unsere Wohnung betrat, schon im Flur empfing, weil kein Platz im Kinderzimmer war. Meist lösten sich die Besucher erst dann aus ihrer fassungslosem Erstarrung, wenn wir erklärten, dass es nur ein Artefakt aus dem Kindergarten war, für das dort leider kein Platz mehr gewesen sei.

»Eine fiese Strategie«, sagte ich. »Die Erzieher geben alles, was irgendwie gemalt oder gebastelt aussieht, den Kindern nach Hause mit. Und sparen sich so die Debatte, was man aussortieren und wegwerfen könnte. Und die Kosten für die Papiertonne. Neulich hatte Luise zwei alte Zeitungen dabei.«

Meine Liebste sagte, ich rede Unsinn. Dann überschlug sie, dass wir aus Luises Fach im Kindergarten täglich vier bis sechs Bilder zogen, dazu zwei Pappkunstwerke, eine Handvoll Schnipsel, Schnüre und Sonstiges und ein, zwei Objekte unbekannter Herkunft. »Auf alle Kinder hochgerechnet sind das glatt zwei oder drei Papiertonnen«, sagte sie verblüfft und ließ sich neben mir auf den Stapel Klebestickerbilder fallen.

»Was machen wir?«, fragte ich. »Wenn das so weitergeht, landen wir als Messiehaushalt in der *BILD*-Zeitung. Lass uns die Sachen weiterverschenken. An deine Eltern. Die freuen sich. Und haben im Keller noch Platz.«

»Bist du wahnsinnig?«, fragte meine Liebste.

»Wir könnten es auch machen wie die cleveren Eltern dieses Mädchens aus Melbourne«, sagte ich. »Wir mieten eine Galerie, stellen alles aus – und bekommen am Ende noch Geld dafür.«

Meine Liebste murmelte, diesen zu frühen Ruhm wolle sie Luise nicht antun.

»Dann hilft nur eins«, fuhr ich fort. »Wegwerfen. Wenn Luise schläft. Oder im Kindergarten ist. Glaub mir, sie wird es nicht merken!«

»Das geht gar nicht« protestierte die Liebste. »Du willst doch nicht, dass unsere Tochter das Gefühl bekommt, dass das, was sie macht, nichts wert ist! Irgendwann wird sie von alleine lernen, Dinge wegzuwerfen. Also lass das. Hörst du?«

Ich versprach es, schließlich liebe ich meine Tochter. Andererseits hasse ich Unordnung und Chaos. Und so geschah es eines Tages fast von ganz allein, dass ein kleinerer Stapel neben dem Kühlschrank deponierter Ausschnittbilder im Abfall landete.

Unserer Tochter fiel es nicht auf.

Es folgten zwei verstaubte und zerrissene Klebeobjekte, die unseren Gläserschrank seit Langem verstopften.

Sie merkte es nicht. Die Liebste auch nicht.

Und so kam ich eines Nachmittags früher nach Hause und nahm mir Luises Schrank vor. Die Stapel mit abgebrochenen Versuchen im Wohnzimmer. Den ganzen Kram, der sich auf dem Esstisch angehäuft hatte. Damit alles nicht zu sehr auffiel, deponierte ich anstelle jedes entsorgten Blätterhaufens ein paar Bilder aus Luises »Behalten!«-Mappe. Und natürlich rührte ich das quietschgrüngelbe Monster im Flur nicht an. Irgendjemand hatte dem Objekt der Scheußlichkeit allerdings höhnisch ein altes Pflaster aufgeklebt. Ich entfernte es, bevor unsere Tochter es bemerkte.

Als ich vom Altpapiercontainer kam, stand Luise im Flur und schrie und heulte. Und meine Liebste war ziemlich aufgelöst.

»Entschuldigt«, stotterte ich. »Ich musste es einfach tun. Aber so schlimm ist es doch nicht. Luise kann doch wieder neue Bilder malen. Neue Sachen basteln. Viel schönere als die, die ich weggeworfen habe …«

Luise sah mich ungläubig an. Und kreischte nun richtig laut los.

»Ursprünglich«, sagte meine Liebste tonlos, »ging es nur um das Pflaster.«

Bei uns isst sie alles

Das verstehe ich nicht«, sagte die Oma kopfschüttelnd. Die Liebste hatte ihr soeben erzählt, dass unsere Luise kein Gemüse mochte. »Das verstehe ich nicht: Bei uns isst sie alles!«

»Alles?«, fragte die Liebste entgeistert zurück.

»Alles!«, sagte ihre Mutter. »Was hast du?«

»Nichts«, sagte die Liebste geknickt.

Egal, mit welchen Wohllauten wir vor Luises genervten Augen Sauerkraut, Erbsen und Rosenkohl in uns hineinstopften, egal, wie oft wir ihr sagten, dass man die Pflanzenstoffe benötigt, um groß und stark zu werden: Sie wollte nicht.

Zumindest nicht bei uns.

Aber Luise verbrachte ein paar Spätnachmittage und Frühabende pro Woche bei ihren Großeltern, die sie heiß und innig liebte. Und wie es schien, verwandelte sie sich dabei in ein komplett anderes Mädchen. Das von alleine die Schuhe auszog, die Jacke ordentlich aufhängte, dem man nichts

35-mal sagen musste. Und das, eben, sogar Gemüse aß.

»Broccoli?«, fragte die Liebste ihre Mutter.

»Natürlich!«

»Blumenkohl?«

»Aber klar!«

»Bohnen?«

»Besonders gerne!«

»Was machen wir nur falsch?«, fragte die Liebste, als wir abends im Bett lagen. Wir überlegten und kamen schließlich zum Ergebnis: nichts. Wir kauften frisches, leckeres Gemüse. Wir schnitten es in appetitliche Stückchen. Wir bereiteten es butterweich zu und aßen vor Luises Augen raue Mengen davon. Selbst von den Paprika, die gar nicht mein Fall waren, aber ich hatte eine Technik entwickelt, sie unauffällig in meinen Backen zu sammeln und später im Bad zu entsorgen.

Ich hatte auch schon psychologisch geschickt versucht, unsere Tochter im Gemüseladen einfach aussuchen zu lassen, was sie haben wollte. Ihr Interesse an dem großen schillernd gelben Kürbis aber erlosch sofort, kaum hatten wir bezahlt. War es ein Wunder, dass ich mir beim Zerteilen daheim das Messer in den Finger hackte?!

Doch auch bei weniger belastetem Gemüse halfen weder Bitten noch Drohungen oder Horrorszenarien. Kein Stückchen gelangte über Luises versiegelte Lippen.

»Wie macht ihr das?«, fragte die Liebste ihre Mutter. »Wie macht ihr das nur?«

»Ach Kind, ganz normal halt«, sagte ihre Mutter.

»Wie genau?«, insistierte die Liebste.

»Na ja, wenn es mal wirklich nötig ist, muss man sich ein bisschen was einfallen lassen. Aber das weißt du ja.«

»Anscheinend nicht!«, sagte meine Liebste. »Was lasst ihr euch denn einfallen?«

»Na ja«, sagte ihre Mutter. »Wir machen beim Essen ab und zu so kleine Spiele. Der Blumenkohl spaziert dann von alleine in Luises Mund. Und so weiter. Was man halt so macht.«

»Habt ihr das früher mit mir auch gemacht?«, fragte die Liebste.

»Nein, wir hatten dafür keine Zeit. Und du hast das auch so gegessen ...«

Als es das nächste Mal Gemüse gab, versuchten wir also, die Bohnen fast von ganz alleine in Luises Mund spazieren zu lassen. Luise fand das lustig, bis die Bohnen im Mund waren. Dann spuckte sie sie aus und sagte, so etwas äße sie nicht, niemals, auch nicht bei Oma und Opa.

»Ach Kind, ich weiß auch nicht, warum das nicht hilft«, sagte die Oma. »Bei uns isst sie ...«

»Was macht ihr denn noch?«, unterbrach die Liebste.

»Eigentlich nichts!«

»Bitte denk noch mal nach!«

»Na ja, aber das macht er nur selten: Wenn ihr Opa mit Salatherzen jongliert, findet sie das sehr lustig. Aber ob das was bringt? ...«

Ich jonglierte erstaunlich erfolgreich mit den Tomaten, auf die die Liebste lustige bunte Gesichter gemalt hatte. Und Luise lachte sogar schallend. Aber obwohl zum Verzehr nur ein einziges Exemplar übrig blieb, das auch noch mit diversen Stimmen darum flehte, gegessen zu werden: Unsere Tochter wollte nicht.

»Na ja, ich weiß auch nicht mehr weiter«, sagte die Schwiegermutter am Telefon. »Bei uns ist sie nie so schwierig. Wenn wir Jengamikado spielen, legt sie sogar ganz freiwillig die Karotten zur Seite, die sie später essen will ...«

»Ihr macht – was?«, rief die Liebste.

Ihre Mutter erzählte ihr, dass sie »nur ab und zu, wenn wir viel Zeit haben«, vor dem Essen ein Spiel machten, eine Mischung aus Jenga und Mikado. »Luise muss immer alles essen, was sie nicht schafft, herauszuziehen, bevor der Turm einstürzt. Und das macht sie dann auch. Aber ob das mit dem Spiel zusammenhängt – ich weiß nicht ...«

Am nächsten Sonntag, als wir viel Zeit hatten, dachten wir uns ein witziges Spiel mit gefrorenem Broccoli aus, das so ähnlich ging wie »Fang den Hut«.

Unsere Tochter war begeistert. Und ließ nachher alle Broccoli-Stücke liegen.

»Das verstehe ich nicht«, sagte ihre Oma. »Bei uns isst sie alles!«

Die Liebste hatte fast schon Tränen in den Augen.

»Wir sollten aufhören, uns Sorgen zu machen«, sagte ich. »Hauptsache, Luise isst Gemüse, ganz egal wo. Wenn sie das unbedingt bei deinen Eltern tun will, weil die Zeit haben, mit jeder Erbse Schach zu spielen – warum nicht?«

Die Liebste nickte langsam. »Wenn ich an die Verzehrempfehlungen für Gemüse denke, sollten wir sie einmal mehr in der Woche bei meinen Eltern essen lassen.«

Und so brachten wir Luise am nächsten Abend

extra zum Essen zu Oma und Opa. Auf dem Tisch standen Frikadellen, Kartoffeln und kleine dünne Fischstäbchen.

»Kein Gemüse?«, fragte ich.

Meine Schwiegermutter lachte und zeigte auf die Fischstäbchen. »Das sind Bohnen. In Semmelbröselpanade und Butter. So liebt Luise sie!«

Die Liebste und ich sahen uns an.

»Und anderes Gemüse«, erkundigte sich die Liebste vorsichtig, »paniert ihr auch?«

»Nur wenn das geht. Sonst nehmen wir Sahnesauce, Ketchup und Majo. Und etwas Zucker.«

»Zucker?«, fragte die Liebste fassungslos.

»Ach Kind, das fällt gar nicht ins Gewicht«, lächelte ihre Mutter. »Zum Nachtisch kriegt Luise doch sowieso ein Stück Schokolade für jedes Stück Gemüse!«

Schnupfi ist weg!

Vor Kurzem platzte ich beim Heimkommen in eine Krisenkonferenz. Auf dem Boden kauerte Luise, vor sich hin schluchzend. Auf dem Sofa saß Luises Oma, Tränen in den Augen. Daneben, mit verzweifeltem Blick: meine Liebste.

Ich fragte betroffen, wer gestorben sei. »Schnupfi ist weg!«, heulte Luise. »Wir haben Schnupfi verloren!«

Ich reagierte erleichtert. Luises Heulen wich einem Brüllen.

Meine Tochter hat viele Puppen und Kuscheltiere, und sie liebt sie. So sehr, dass wir im Wäscheschrank ein geheimes Doppelgängerfach für die wichtigsten haben. Ein Fach, in dem drei weitere Exemplare vom Kuschelschaf und zwei von Puppe Lissy lagern, die wir mit den in Betrieb befindlichen Originalen regelmäßig durchwechseln, um einen ähnlichen Grad an Abnutzung sicherzustellen: Luise würde es sonst sofort merken.

Schnupfi allerdings hatten wir nicht für so wichtig gehalten.

Vor etwa einem Jahr, als ich mit Luise in der Apotheke etwas gegen Schnupfen kaufte, hatte die Apothekerin meiner Tochter strahlend etwas Blaues in die Hand gedrückt: eine kleine Fingerpuppe, die aussah wie ein heftig in die Breite gegangener Schlumpf mit übergroßer Nase. Irgendeine Werbefigur vermutlich eines Taschentuchherstellers. Ich hätte den hässlichen Zwerg am liebsten mit den Gratishustenbonbons entsorgt, aber Luise war dagegen. Und sie hatte schon einen guten Namen für ihn.

» Ich will Schnupfi die Wohnung zeigen! «, rief sie. » Schnupfi bleibt bei uns! «

Später hatte ich nicht mehr viel von Schnupfi gehört, aber das hatte nicht viel zu sagen: Luise vergisst keine einzige ihrer Puppen und Stofftiere; ein guter Charakterzug, falls sie später einmal Chefin wird. Und so hatte sie, als sie mit der Oma in den Supermarkt ging, Schnupfi mitgenommen, der sich so gut in der Faust halten ließ und so gut in ihre Tasche passte.

Nur: Da war er nicht mehr. Und wo Luise ihn verloren hatte, war nicht herauszufinden. Im Supermarkt hatte ihn keiner gesehen, die Oma hatte schon gefragt.

Noch am Abend lief ich mit der Taschenlampe zweimal den Weg ab, wurde von der Polizei angehalten und fand jede Menge Scheußlichkeiten, nur nicht Schnupfi.

Luise schlief nicht ein, bevor wir ihr versprochen hatten, dass Schnupfi wieder auftauchen würde.

Am nächsten Morgen ging ich in die Apotheke.

»Es tut mir so leid«, sagte die Apothekerin voll Mitleid, »aber den haben wir schon lange nicht mehr ...« Auch in zwei weiteren Apotheken auf dem Rückweg war kein Schnupfi mehr vorrätig. Die Werbekampagne des betreffenden Herstellers sei längst vorbei, sagte ein Apotheker mit betretener Miene. »Ich habe auch eine Tochter, ich kann verstehen, was in Ihnen vorgeht.«

Konnte er nicht. Auf dem Weg in den Kindergarten ließ Luise geschätzte 125 Mal den Namen »Schnupfi« fallen, und das ziemlich vorwurfsvoll.

Meine Liebste, die auf dem Weg ins Büro nahezu alle Apotheken und Drogerien der Innenstadt abgeklappert hatte, klang am Telefon verzweifelt. »Nichts«, sagte sie, »nirgends mehr ein Schnupfi. Ich wusste gar nicht, wie begehrt der ist. Die City-Apotheke führt sogar eine Warteliste, falls man doch einen entdeckt. Wir sind auf Platz sieben.«

Ich rief beim Hersteller von Schnupfi an, aber dort war immer besetzt, was mich nicht wunderte.

Abends, Luise hatte sich bis Mitternacht geweigert einzuschlafen, durchforsteten wir die Anzeigen bei eBay.

Ich fand eine 30 Zentimeter große Schnupfi-Puppe, die ein österreichischer »Vater und Sammler« für 99 Euro verkaufte und die sich durch tagelange Heißwäschen vielleicht auf Fingerpuppengröße schrumpfen ließ. Obwohl es sauspät war, rief ich an, ein Vater würde das verstehen. Es nahm keiner ab. Auch nicht eine Stunde später. Auch nicht morgens um fünf.

»Schnupfi!«, waren Luises erste Worte, als sie am nächsten Morgen die Augen aufschlug.

Ich musste die Hartnäckigkeit meiner Tochter bewundern. Dumm war nur, dass sie fast nichts von ihrem Müsli aß, während ich versuchte, ihr auseinanderzusetzen, dass das Verschwinden von Schnupfi ganz normal und bei Weitem kein Drama war. Und dass sie beim nächsten Mal einfach besser aufpassen könne, damit das nicht noch einmal passiere. Und dass sie froh sein könne, dass es diesmal nur dieses doofe kleine blaue Monster getroffen hätte, weswegen sie wirklich mal mit diesem blöden, kleinkindhaften Geheule aufhören könne ...

Meine Liebste bestand darauf, Luise lieber selbst zum Kindergarten zu bringen.

Ich rief wieder bei dem Sammler und Vater an. Diesmal war er da, und zufälligerweise hatte er eine Firma, die mit Puppen handelte, die nicht mehr produziert wurden. Leider war die letzte Schnupfi-Fingerpuppe erst vor einer Woche versteigert worden, und leider hatte sich der Preis für die große Schnupfi-Puppe inzwischen umständehalber auf 159,95 Euro erhöht. Ob ich bereit sei, bei anhaltend großer Nachfrage auch einen höheren Preis zu bezahlen? Zuzüglich Versand, natürlich.

»Natürlich!«, knirschte ich.

Das freue ihn ungemein. Und es werde mir vermutlich nichts ausmachen, dass es sich um eine nicht hundertprozentig identische Puppe handle?

»Was heißt das?«, fragte ich.

Nun, sagte er, sie sei eher grau und habe eine kleinere Nase, zum Ausgleich aber größere Ohren ...

Ich legte auf. Und entwarf am Computer eine Schnupfi-Suchanzeige, druckte sie dreißig Mal aus und klebte sie auf dem Weg zum Supermarkt an jeden zweiten Laternenpfahl. An Laternenpfahl Nummer 29 traf ich einen Labrador, der etwas Blaues im Maul hatte.

Der Kampf, begleitet vom entsetzten Geschrei der Labrador-Besitzerin, lohnte sich nicht: Das Blaue war ein zerkauter Ball.

Ich ging in den Supermarkt, um mir Tesafilm für meine zerbrochene Brille zu kaufen.

Und erstarrte. Denn dort, auf der mittleren Kasse, saß – Schnupfi. »Hat die Putzfrau gefunden«, sagte die Kassenfrau.

Experiment Selbstkontrolle

Unsere Tochter hat eben eine bahnbrechende Studie nachvollzogen. Eine Studie zum Süßigkeitenkonsum. Der ist bei Luise heftig. Genauer: Sie ist süchtig. Kriegt sie Bonbons, Schokolade, Gummibärchen in die Finger, ist kein Wegnehmen, bis die Tüte leer ist.

Früher kauften wir deshalb immer nur winzig kleine Tütchen, bis Luise spitzkriegte, dass es auch größere Tüten gibt. Viel größere. Also verlangt sie große Tüten, und dann gibt es Krach.

Ausgerechnet vor Ostern, dem konfliktträchtigsten aller süßigkeitenbehafteten Feste, hörte ich dann von dieser sensationellen Untersuchung, die klang wie die Lösung aller Süßigkeitenkonflikte dieser Welt. Wissenschaftler der britischen Universität Surrey haben herausgefunden, dass Kinder, die so viele Schokoladenostereier essen dürfen, wie sie wollen – am Ende viel weniger essen als Kinder, denen man die Eier nur widerwillig in die Hand zählt! Mir war sofort klar, dass die Forscher demnächst für den Friedensnobelpreis nominiert werden würden.

»Du siehst: Das Prinzip Selbstverantwortung wirkt auch bei Kindern«, sagte ich. »Das wäre zu schön«, erwiderte meine Liebste. Sie hatte eben mit der Mutter von Luises Freundin Laura telefoniert. Laura bekam jeden Tag aus einer bunt bemalten Schachtel ein, zwei Stücke Süßes und war damit hoch zufrieden. »Sie ist aber auch schon ziemlich weit für ihr Alter«, betonte Lauras Mutter.

Luise riss ungläubig die Augen auf, als wir ihr feierlich eröffneten, dass sie über Ostern so viel Süßes essen dürfe, wie und wann sie wolle. Sie fragte sogar ungläubig nach, bevor sie sich ein Schokoei vor dem Frühstück genehmigte: »Darf ich?«

»Natüüürlich!«, sagten wir, gestern noch Verfechter eines strikten Süßigkeitenverbots vor dem Mittagessen. »Ist doch Ostern! Teil es dir selber ein!«

»Hoffentlich bricht sie nicht«, raunte meine Liebste, als Luise sich das fünfte Ei in den Mund schob.

»Du wirst sehen«, murmelte ich. »Am Ende werden wir eine vernünftige Tochter haben!«

Zunächst waren wir entsetzt, welche Mengen an Schokolade in ein kleines Mädchen passten. Ich googelte »Zuckerschock durch zügelloses Naschen«, aber wurde nicht fündig. Als sich Luise zum dritten Mal mit Bäuchleinweh krümmte, versprach sie endlich, morgen »nur noch drei Süßigkeiten« zu essen.

Stolz auf unsere Tochter, schliefen wir ein. Und erwachten am nächsten Morgen von heftigem Papiergeknister. Luise fetzte im Wohnzimmer die

Verpackungen von Eiern und Häschen und schob sich die Dinger möglichst ganz in den Mund. Als sie uns sah, erhöhte sie den Takt. Ich sprach sie auf ihr Versprechen von gestern an. Sie sah einfach durch mich hindurch.

Wir waren drauf und dran, die Studie sofort zu beenden. Aber was, wenn Luises Läuterung infolge absoluter Übersättigung unmittelbar bevorstand? Dummerweise ließ sich unsere Tochter selbst vom Bäuchleinweh nicht mehr beeindrucken: Sie zog sich mit einer Handvoll Eier und Hasen auf die Toilette zurück.

Meine Liebste versuchte zu recherchieren, ob der Giftnotruf auch für eine Schokoüberdosis zuständig war. Ich googelte »Grenzwerte« und »Süßigkeiten« und fand schließlich etwas: 150 Kilokalorien am Tag war die empfohlene Höchstmenge für Vier- bis Sechsjährige. Was gerade mal fünf lächerlichen Stückchen Nussschokolade entsprach!

»Abbrechen«, rief meine Liebste, »sofort abbrechen!« Luise tobte und schrie – was zu der anderen Studie passte, die ich gerade zufälligerweise gefunden hatte, der Studie, nach der übermäßiges Naschen aggressiv machte.

Am Nachmittag übrigens kam Laura zum Spielen. Und kaum war ihre Mutter weg, fiel sie über unser Osternest her.

Der Wert wahrer Freundschaft

L uise plante ein Fest zum Viereinhalbjährigen.
Nein, das ist fast normal, andere Kinder tun das
auch, in den USA feiern Familien sogar schon den
Viereinvierteljährigen.

Aber darum ging es nicht. Es ging um Mia. Mia
war Luises allerbeste Freundin. War.

Von dem war erfuhren wir, als wir mit Luise Ein-
ladungskarten für das Fest schrieben. Für Anna,
Leonie, Maja, Laura, Sophie.

»Nicht für Lilly«, sagte Luise, aber damit hatten
wir gerechnet. Lilly, anderthalb Wochen lang die
allerbeste Freundin, war nach einem Krach um
einen Glitzersticker zur Freundin abgestiegen und
hatte dieses Rating zwei Tage lang gehalten. Dann
stellte sie sich im Kindergarten vor Luise und wollte
wissen: »Bin ich schön?« Aus Sicht unserer Tochter
rechtfertigte dies das sofortige Ende der Freundschaft.

Unter kleinen Mädchen ist ein solcher Zickenkrieg scheinbar ganz normal: Angeblich trainieren sie so ihre sozialen Fähigkeiten für später, zum Beispiel für Facebook. Eltern bleibt da nur, Verständnis zu zeigen. Zumal wir sowieso nie so recht wussten, was wir mit Lillys Eltern reden sollten. Und wir im Anschluss an das Kinderfest noch ein kleines Beisammensein mit den Müttern und Vätern planten. »Gut«, sagte meine Liebste eine Spur zu schnell, »dann kommt Lilly eben nicht! Dann schreiben wir noch die Einladung für Mia ...«

»Neeeiiin!«, rief Luise. »Mia ist nicht mehr meine Freundin!«

Meine Liebste und ich sahen uns verunsichert an.

»Mia, Luise!«, sagte ich. »Mia, mit der du seit den ersten Kindergartentagen befreundet bist. Mit der wir gerade erst im Zoo waren!« Mit deren Mutter meine Liebste regelmäßig telefonierte und mit deren Vater ich zum Squash ging.

Luise ließ sich nicht umstimmen. Meine Liebste wollte wissen, warum. Luise schrie, das sei eben so.

Als sie im Bett war, rief meine Liebste Mias Mutter an und brachte das Gespräch auf das Thema Freundschaft. »Ist es nicht toll, wie gut unsere beiden Mädchen sich verstehen?!«, jubilierte Mias Mutter. »Mia freut sich schon so auf Luises Fest. Und wir können uns endlich auch mal wieder sehen!«

»Äh, ja, wir freuen uns auch ...«, stammelte meine Liebste. Sie wusste es nicht. Mias Mutter hatte keine Ahnung, dass die Freundschaft zwischen Mia und Luise vorbei war. Und offensichtlich wusste es nicht einmal Mia selber.

Spät an diesem Abend beschlossen wir, die Einladung für Mia zu fälschen. Nicht auszudenken, wenn wir am nächsten Morgen den Eltern der anderen Mädchen die Karten gäben – und ausgerechnet Mias Eltern nicht! Und wie schnell konnte es passieren, dass Luise ihre Ex-Freundin wegen einer geliehenen Hello-Kitty-Haarspange oder einem zusammen aus der Toilette vertriebenen Jungen schon morgen wieder zur Freundin hochstufte. Noch bevor Mia gemerkt hatte, dass sie gar keine mehr war.

Am nächsten Abend fragten wir unsere Tochter hoffnungsvoll nach dem Status in Bezug auf Mia. »Die ist nicht mehr meine Freundin!«, beharrte sie.

Am folgenden Abend versuchte ich ein Vater-Tochter-Gespräch über den Wert wahrer Freundschaft. »Dummer Papa!«, kürzte Luise ab.

Zwei Abende darauf kam meine Liebste mit unserer Tochter aus dem Kindergarten zurück. »Jetzt hat Mia es auch gemerkt«, zischte sie. »Eindeutig: Sie ist Luise richtig aus dem Weg gegangen. Wahrscheinlich verkündet sie in dieser Minute ihren Eltern, was los ist. Und dass sie nicht zu Luises Fest kommen will. Oder dass Luise das gar nicht will.«

Flüsternd berieten wir eine Strategie. Wir kamen überein, dass die Liebste Luise vor dem Einschlafen die Geschichte von den zwei kleinen Rattenkindern vorlesen würde, die dicke Freunde sind. Unsere Tochter bestand auf der Geschichte von der kleinen Fee, die böse ist und ihre Freunde auf die Bäume zaubert.

»Sie weiß es«, sagte meine Liebste am nächsten Tag. »Mias Mutter. Ich habe sie auf der Straße getroffen, und sie hat mich angeguckt …«

»Und?«, fragte ich. »Hast du es ihr gesagt?«

»Ich konnte nicht. Ich rief ihr zu, ich hätte es sehr eilig. Und sie hat gerufen, sie freue sich schon … Sie klang – vorwurfsvoll!«

»Vielleicht ist es auch umgekehrt!«, erwiderte ich. »Vielleicht denkt sie, wir wissen es nicht. Und will uns nicht verletzen.«

Meine Liebste stützte den Kopf in die Hände. »Was machen wir nur?«

Ich holte tief Luft. »So nett Mias Eltern sind: Wollen wir auf Dauer solche Zustände haben?«

Meine Liebste schüttelte langsam den Kopf. »Das kann böse enden. Erinnerst du dich an die Väter von Finn und Tim, die versucht haben, weiter befreundet zu sein, nachdem ihre Jungs sich zerstritten hatten? Bis sie sich beim Streit um diese Sandschaufel auf dem Spielplatz gegenseitig die Nasen blutig schlugen …«

»Wir sollten ehrlich sein«, sagte ich und griff zum Telefon. »Wir sollten Luises Entscheidung respektieren.«

Ich klärte Mias Vater über das Verhältnis unserer Töchter auf und sagte, unter diesen Umständen ergebe es keinen Sinn, weiter gemeinsam zu squashen. Außerdem, das sagte ich, um es ihm leichter zu machen, squashe er fürchterlich.

Am Morgen des Festes kündigte Luise einen Überraschungsgast an.

Mia.

»Warum nicht?«, schrie sie. »Mia ist doch meine allerbeste Freundin!«

Besuch von einem
Pubertierenden

Normalerweise bekommen wir gern Übernachtungsbesuch, vor allem mit Kind. Diesmal war es anders. Meine Liebste freute sich auf ihre alte Freundin Carmen. Sie hatte sie seit Jahren nicht mehr gesehen. Aber Carmen wollte ihren Sohn Max mitbringen, zwölf und pubertierend. Max war nicht nur ein erklärter Mädchenhasser. Was wunderbar damit korrespondierte, dass unsere Luise erklärte Jungshasserin war. Max fand auch generell alles langweilig, blöd und nervig, was sich außerhalb seiner zwei Ohrstöpsel abspielte.

»Was soll ich bei den Typen?«, fragte er folgerichtig seine Mutter. »Zwei alte Leute und ein Baby!«

»Der arme Junge hat recht!«, sagte ich, nachdem die Liebste mir das erzählt hatte. »Diese Qual können wir ihm nicht antun! Das Einfachste ist, er bleibt zu Hause.«

Die Liebste stieß ein Ächzen aus. »Das geht nicht.

Sie hat Max versprochen, dass er in den Dungeon darf.«

Der Dungeon ist eine Stätte für Menschen, die gern mit ihrem Leben spielen: eine permanente Geisterbahn mit lebenden Untoten und Wagen, die in freiem Fall herabstürzen. Dass der ansonsten bocklose Max auf nichts als diesen Horror Lust hatte, machte ihn nicht sympathischer. Ich hätte am liebsten behauptet, unsere gesamte Familie habe Masern und Keuchhusten und könne leider keinen Besuch empfangen. Aber meine Liebste lügt nicht.

»Niemals«, sagte sie kategorisch. »Diese Enttäuschung können wir dem Kind nicht zumuten! Und was soll Carmen von uns denken?«

»Okay«, sagte ich, »es kann übrigens sein, dass ich, gerade wenn sie kommen, auf eine Dienstreise muss.«

»Tu mir das bitte nicht an!«

Unsere Tochter gab sich fast noch begeisterter als Max. »Oh nö«, nölte sie etwa dreimal am Tag, »oh nö, da mache ich nicht mit. Wenn der kommt, möchte ich bei einer Freundin übernachten! Notfalls bei Lilly!«

Ich hielt das erst mal für keine schlechte Idee. Die Polizei denkt sich schließlich auch etwas dabei, wenn sie einander feindlich gesinnte Demonstranten auf Abstand hält. Meine Liebste widersprach, sie wolle nicht, dass unsere Tochter lerne, vor Besuch davonzulaufen.

Sie rief Carmen an, um sich zu erkundigen, ob ihr Sohn zum Aufbrausen neige und ob er einen Kampfsport trainiere. »Karate«, ächzte sie, »ach nein, das macht gar nichts!«

Zwei Tage vor dem Tag X räumten wir die teuren Vasen und das Erbservice in den Keller.

Am Tag davor rief Carmen an. »Er will nicht mitkommen. Er sagt, das sei doch nur Zeitverschwendung.«

»Och, wie schade!«, rief meine Liebste erleichtert. »Na, dann kann man nichts ...«

»Ich habe ihm das natürlich nicht durchgehen lassen«, fuhr Carmen fort. »Man sagt auch als Pubertierender keine Reise einfach so ab. Also, wir kommen morgen mit dem Zug um 17 Uhr.«

Max entpuppte sich als freundlicher, sympathischer Junge, der sich vor dem Betreten unserer Wohnung die Schuhe auszog. Nach zehn Minuten saß er mit Luise auf dem Sofa, und die zwei plauderten wie alte Freunde. Eine halbe Stunde später spielten sie zusammen »Mensch ärgere dich nicht«. Am Ende – normalerweise dürfen das gerade mal wir Eltern – bestand Luise darauf, dass er beim abendlichen Zähneputzen dabei war.

Kurz: Es war ein unglaublich harmonischer Besuch, und bevor sie wieder fuhren, trug Max sich noch feierlich in Luises Buch »Meine Kindergartenfreunde« ein.

»Ich weiß auch nicht, was mit meinem Sohn los war«, sagte Carmen am Telefon. »Normalerweise ist er ein echter Kotzbrocken. Und jetzt hat er sich sogar zu Luises Geburtstag einladen lassen!«

»Zum Kindergeburtstag?« Meine Liebste war fassungslos.

»Ja. Er will sogar mit seinen Kumpels kommen ... Sag bloß, ihr wisst nichts davon?«

Sind Mama und Papa faule Säcke?

Zum Geburtstag bekam Luise ein phantastisches Puppenhaus. Mit vielen schönen Möbeln, darunter eine Waschmaschine, deren Trommel sich wirklich dreht, und mit einer süßen Puppenfamilie, die sich an- und ausziehen lässt. Luise war kaum noch vom Puppenhaus wegzubekommen. Nach drei Tagen fing ich an, mir Gedanken zu machen.

»Fällt dir auf«, fragte ich meine Liebste, »dass unsere Tochter die Puppeneltern ständig ins Bett legt?«

Meine Liebste sah mich amüsiert an.

»Nackt?«

»Nein«, sagte ich. »Aber es ist doch auffällig: Die Puppenkinder sind auf der Toilette, werden aus- und angezogen, spielen in der Puppenküche mit der Katze, fahren Oma und Opa besuchen. Und die Eltern – liegen immer im Bett. Wie kommt sie nur darauf?«

Meine Liebste sah schon weniger amüsiert aus.

Denn wir gehören nicht zu den Eltern, die am Wochenende um 6.30 Uhr aus dem Bett federn und mit ihrer Tochter erst auf den Waldspielplatz gehen und vor dem Mittagessen noch schnell ins Schwimmbad und/oder ans Meer fahren. Wir sind Eltern, die am Wochenende geraume Zeit brauchen, bis sie mit verquollenen Augen am Frühstückstisch kauern. Was Luise manchmal ungeduldig macht. Bisher glaubten wir aber, dass das keine negativen Folgen für ihr Elternbild habe.

»Du willst sagen, es liegt an uns?«, fragte meine Liebste.

»Kann das nicht sein?«, fragte ich. »Spielen Kinder nicht das nach, was sie erleben – und was sie daraus schlussfolgern?«

»Du meinst, sie meint, wir sind …«

»Faule Säcke. Eltern, die den ganzen Tag im Bett liegen, statt sich um ihr Kind zu kümmern.«

»Aber das ist doch nicht so!«

»Natürlich nicht«, sagte ich. »Aber vielleicht sind die Morgenstunden die wichtigsten bei der kindlichen Urteilsbildung.«

»Wir stehen werktags doch immer früh auf.«

»Vielleicht kommt es vor allem aufs Wochenende an«, sagte ich. »Weil Kinder wissen, dass ihre Eltern dann Zeit mit ihnen verbringen sollten. Und nicht im Bett. Ich habe das mal gegoogelt. Luise ist gerade in der Phase der Wahrnehmungsentwicklung. Nicht, dass sie uns völlig falsch wahrnimmt und dass sich das später nicht mehr ändern lässt …«

Leicht beunruhigt ging meine Liebste zum Puppenhaus und wartete, bis Luise nicht hinguckte.

Dann setzte sie den Puppenvater in die Badewanne und stellte die Puppenmutter in die Küche. Als meine Liebste nicht hinguckte, setzte ich die Mutter in die Wanne und stellte den Vater in die Küche.

Es half nichts. Luise hatte kaum ein bisschen gespielt, da lagen beide Puppeneltern wieder im Bett. Diesmal mit den Gesichtern nach unten.

Später, als Luise schlief, schlich ich in ihr Zimmer und inspizierte im Schein einer Taschenlampe das Puppenhaus. Mir fiel noch mehr auf: Erstens hatte unser Kind das Puppengeschirr nicht in die Spülmaschine, sondern in die Waschmaschine gesteckt. Zweitens saß die Puppenkatze im Ofen. Und drittens hatte Luise die Möbel aus dem kleinen Kinderzimmer ins größere Wohnzimmer gestellt und umgekehrt.

»Unsere Tochter scheint zu glauben, dass bei uns einiges durcheinanderläuft«, sagte ich beim Abendessen.

Meine Liebste hob die rechte Augenbraue. Ich fuhr fort, ich wolle sie nicht durch Details beunruhigen, aber sei dringend dafür, kein Haustier anzuschaffen. Und ob wir nicht Schlaf- und Kinderzimmer tauschen sollten, damit unsere Tochter mehr Platz habe.

»So ein Zufall«, nickte sie. »Ich habe auch schon darüber nachgedacht ...«

»Und lass uns am Wochenende den Wecker stellen«, sagte ich. »So früh wie werktags. Am besten noch früher. Weißt du, plötzlich erinnere ich mich wieder, wie es war, als ich klein war. Ich musste immer in meinem Bett liegen bleiben, bis meine Eltern ausgeschlafen hatten. Stundenlang, während von draußen die Sonne durch den Vorhang schien. Es war schrecklich. Es war die Hölle!«

»Aber Luise MUSS doch nicht ...«, sagte meine Liebste.

»Trotzdem!«

Am nächsten Tag bestand meine Liebste darauf, das Puppenhaus zu überprüfen, bei hellem Deckenlicht, während ich mit Luise im Bad die Zähne putzte.

Es dauerte nur zehn Sekunden, da hörte ich einen leisen Schrei. Ich stürzte ins Zimmer. Wortlos zeigte die Liebste auf den kleinen Balkon des Hauses. Dort lag der Stoffbär, den Luise seit ihrer Geburt hatte und der auch Luise hieß. Er lag auf dem Rücken wie ein Kind im Gitterbett, die Arme links und rechts im Geländer eingeklemmt, als werde er gefoltert, über seinen Beinen lag der Balkontisch, auf der Brust der Balkonstuhl.

»Ich glaube, du hattest recht«, flüsterte meine Liebste.

Ich wollte gerade fragen, ob das der Zeitpunkt sei, einen Kinderpsychologen heranzuziehen. Da kam unsere Tochter ins Zimmer und erkundigte sich empört, warum wir spielten, obwohl sie ins Bett müsse, »das ist ungerecht!«.

»Wieso ungerecht«, sagte ich und auf die Gefahr hin, womöglich das Trauma noch zu verstärken, »guck mal, die Puppeneltern hier liegen doch auch schon den ganzen Tag im Bett!«

Luise grinste frech. »Ja, weil: Dann stören sie die Kinder nicht beim Quatschmachen und Unordnungmachen!«

Am Samstag schliefen wir aus.

Not before the child!

Neulich waren wir bei den Eltern von Luises Kindergartenfreundin Sophie zum Kaffee eingeladen. Wir dachten jedenfalls, zum Kaffee.

»Welcome to our five o' clock tea!« Sophies Mutter umarmte uns und rief nach ihrem Mann und ihrer Tochter: »Martin, Sophie, sweetheart! Come please! Our visit is here!«

»No!«, schrie Sophie aus ihrem Zimmer zurück.

»Ihr habt Besuch?«, fragte meine Liebste.

»Besuch?«

»Weil ihr Englisch redet?«

»Ach so!«, Sophies Mutter machte eine wegwerfende Handbewegung. »Das machen wir immer. Take place! We have scones, sandwiches and fruitcake – delicious, not?«

»Oh yes! Great!«, sagte ich. Es war zwar schon einige Zeit her, aber ich war mir sicher, dass Sophies Eltern bei unserer letzten Begegnung noch fließend Deutsch gesprochen hatten. »Warum«, fügte ich vorsichtig hinzu, »sprechen wir – Englisch?«

»Wir haben Französisch ausprobiert, als Sophie zwei war, aber das war nicht ganz ihr Ding. Obwohl sie in Orff für Zwerge und beim Mathefrühkurs spitze war. Und mit Chinesisch starten wir erst, wenn sie in die Schule kommt, da ist es noch nicht ganz zu spät.«

»Noch nicht zu spät?«, echote meine Liebste.

»Du hast recht«, sagte Sophies Mutter. »Wie eine echte Muttersprachlerin wird sie Mandarin dann vermutlich nie mehr sprechen. Aber die meisten Chinesen tun das ja schließlich auch nicht.« Sie warf den Kopf zurück und lachte. Es sollte perlend klingen, aber es klang etwas angestrengt.

»Martin!«, rief sie dann. »Where are you? Sophie! Last order now! Your girl-friend Luise is here!«

Sophies Vater betrat den Raum. »Hi!«, rief er. »Nice to see you! How are you?«

Sein Pfälzer Akzent war stark gewöhnungsbedürftig.

»Alles in bester Ordnung«, erwiderte ich. »Und euch geht es auch noch gut?«

»Es geht ...«, begann Sophies Vater.

»Martin, Englisch please!«, rief seine Frau mahnend. »Sonst verstehen dich unsere Gäste nicht!«

Sophie kam in den Raum geschlurft. »Hello Sophie, my dear«, rief ihre Mutter. »Come in! Say hello to our guests!«

»Hello, how are you?«, nuschelte Sophie mit gesenktem Kopf.

»Wollen wir was spielen?«, kürzte Luise ab.

»Wait, a moment please, Luise!«, sagte Sophies

Mutter und lehnte sich zu uns herüber. »Ob eure Tochter auch auf Englisch …?«, flüsterte sie. »Ihr seht ja, es macht Sophie so großen Spaß!«

»Ich fürchte, das wird nicht klappen«, flüsterte die Liebste zurück. »Luise ist noch nicht ganz so weit.«

Sophies Mutter starrte uns kurz an. »Ach so … Sie lernt Italienisch? Spanisch? … Nein? … Aber sie fängt sicher bald an? Bevor sich das phonetisch-neuronale Fenster schließt?«

»Mal sehen«, sagte die Liebste diplomatisch. Die zwei Mädchen zogen ab.

»Vielleicht kann sie ja ein paar Worte lernen, bevor die zwei sich das nächste Mal treffen?«, fragte Sophies Mutter. »Wisst ihr, Sophie hat sich schon so an die Sprache gewöhnt, ich glaube, sie träumt schon auf Englisch. Neulich erst summte sie im Schlaf etwas, das klang wie ›Old MacDonald had a farm‹ …«

»Seit wann lernt sie denn Englisch?«, fragte ich freundlich.

»Seit drei Wochen und zwei Tagen. Und ich kann euch sagen: Sie ist wirklich begabt! Apropos: Jetzt sollten wir aber wieder Englisch sprechen!«

Wir nickten pflichtbewusst.

»You know, when learning a language, it is very important to dive deep into the language!«, fuhr Sophies Mutter fort. »Looking back, it would have been better to push Sophie into a bilingual child-garden …«

»Kindergarten!«, warf ihr Mann ein.

»Martin, English please!«

»Das IST Englisch!«, erwiderte Martin.

»Martin: English please!«

»It is English, hell!«

»What?«

»Kindergarten!«

»Martin, once again: English please!«

»It is English!«

»Lecker diese Sandwiches!«, schaltete sich meine Liebste schnell ein. »Mit Gurken – wie in England. Und die Scones sind hervorragend.«

Damit übertrieb sie stark, aber es half.

»Thank you«, lächelte Sophies Mutter. »We are lucky to travel to England in the next holidays! Good, what?«

»Really?«, fragte ich.

»Yes. We are living near Cambridge. Oxford will come next year.«

»Is that true?«, fragte meine Liebste, sie ist großer England-Fan.

»Ja«, sagte Martin. »Es ist da nicht gerade günstig und es war fast alles ausgebucht, aber wir hoffen, dass Sophie einen Zugang zur Sprache kriegt ...«

»Martin!«, unterbrach seine Frau. »Sei nicht so bescheiden. Unser Kind spricht Englisch schon ganz hervorragend. Sie ist ein Naturtalent. Sie muss nur noch ein klein wenig an ihrer Aussprache arbeiten. Und deshalb hoffen wir, dass wir auf diesem Top-Campingplatz in Cambridge viele Leute mit BBC-Pronounciation treffen.«

»Ich wusste gar nicht, dass ihr gerne campt!«, raunte ich Martin zu.

Er zuckte die Schultern. »Für England!«

Seine Frau sah ihn pikiert an.

»Ja, England ist sehr schön«, sagte die Liebste wild entschlossen diplomatisch.

»English please!«, sagte Sophies Mutter. »What do you say?«

»England«, sagte die Liebste, »is very beautiful!«

»Oh yes«, rief Sophies Mutter begeistert.

Luise und Sophie kamen hereingerannt, um sich etwas vom Teetisch in die Münder zu stopfen.

»Kann ich andere Kekse?«, fragte Sophie nach dem ersten Bissen Scon und verzog das Gesicht.

»Sophie: English please!«, lächelte ihre Mutter.

Sophie blies die Backen auf. »Immer muss ich Englisch reden, wenn wir Besuch haben! Das finde ich doof!«

»Sophie! Wir sprechen den ganzen Tag Englisch. Nicht nur wenn wir Besuch haben!«

»Mit Oma und Opa muss ich am Telefon auch Englisch reden. Dabei können die gar kein Englisch!«

»Aber Sophie«, sagte ihre Mutter. »Natürlich können die Englisch. Die lieben Englisch. Und England! Die sind früher immer nach England gefahren.«

»Nach Mallorca«, korrigierte ihr Mann.

Seine Frau warf ihm einen zürnenden Blick zu.

»Aber bald fahren sie nach England, Sophie. Und sie freuen sich sehr!«

»Sie fahren nach Mallorca«, sagte ihr Mann. Er beugte sich zu uns.

»Ehrlich gesagt: Wir mögen England auch nicht besonders.« Seine Frau zischte warnend.

»All time shit-weather!«, fuhr ihr Mann fort. »No sun. Always rainy. We do it just for Sophie …«

»Martin!«, rief Sophies Mutter wütend. »Not before the child!«

»In front of the child!«

»Before!«

Meine Liebste und ich sagten freundlich, es sei unheimlich nett gewesen, aber wir müssten nun leider wieder los.

Als wir Luise riefen, kam auch Sophie angelaufen.

»Kann ich mit euch in Urlaub fahren?«, fragte sie.

Ich will Eis!

Der Sommer hat gerade erst angefangen, aber ich freue mich schon auf sein Ende. Weil wir dann mit unserer Tochter endlich wieder ungehindert aus dem Haus können. Bis jetzt scheitert das regelmäßig am Eis-Reflex.

»Ich möchte Eis!«, sagt Luise. »Ich will Eis!«, ruft sie. »EIS!!!«

Klar, Kinder lieben Eis. Vor allem, wenn wie bei uns im Viertel ein Eiskiosk so perfide an einer Kreuzung platziert ist, dass man auf dem Weg zum Spielplatz oder Kindergarten genau daran vorbei muss. Und auf dem Rückweg ein zweites Mal.

Das geht ja noch. Aber jedes Mal, wenn das Eishäuschen in Sicht kommt, strebt Luise wie ferngesteuert der Eistheke zu. Egal, wo wir hin wollen. Egal, ob wir deshalb zu spät kommen. Ganz egal, was wir dazu sagen. Und wehe, man versucht, sie davon abzuhalten. Etwa mit dem Einwand, es schütte gerade furchtbar und wir müssten weiterrennen, sonst würden wir nass.»Papa, du bist blöd!«, schrie mich meine tränenüberströmte Tochter an.»Nie darf ich Eis! NIE!«.

Die am Eisstand Wartenden lächelten süffisant. Ich hätte mich vor ihnen rechtfertigen können, dass Luise ihr letztes Eis erst vor knapp vier Stunden bekommen hatte. Aber das hätte ausgesehen wie die Notlüge eines überforderten Vaters.

Dabei habe ich gar nichts gegen Eis. Aber die Kugeln an diesem Kiosk werden von Jahr zu Jahr teurer und kleiner. Und schmecken umso wässriger, je länger die Schlange der von ihren Kindern zum Anstehen genötigten Eltern wird. Hundert Meter weiter gibt es eine zweite Eisdiele, ohne Warteschlange, mit größeren Kugeln, die sehr gut schmecken.

»Luise«, sagte ich also zum gefühlten tausendsten Mal, »lass uns zu der anderen Eisdiele gehen, wo das Eis viel besser ist.«

»Nö!«, sagte Luise.

»Luise!«, sagte ich.»Wenn du mitkommst, kriegst du auch zwei Kugeln.«

»Nein!«, jammerte Luise.»Ich will jetzt eine Kugel haben!«

»Oder ausnahmsweise drei! Drei Kugeln, Luise! Komm!«

»NEIN!«, heulte Luise.

Sicher, ich hätte meine brüllende und strampelnde Tochter unter den Arm klemmen und sie mit mir schleppen können wie ein Unhold, vorbei an den gut besetzten Straßencafés. Aber mir war heute nicht danach.

Als wir endlich dran waren, bestellte Luise eine Kugel blass aussehendes Marshmallow. Ich weiß nicht, warum ich später »Marshmallow« googelte, vermutlich weil es ungesund aussieht und riecht und ich das gesundheitliche Risiko für meine Tochter abschätzen wollte.

Aber ich stieß auf den sogenannten »Marshmallow-Test«, entwickelt von einem Psychologen in Stanford. Der hatte Vorschulkindern die Wahl gelassen zwischen einem Stück Marshmallow jetzt sofort oder der doppelten Menge später. Das Ergebnis war eindeutig: Die Kinder, die es geschafft hatten, dem ersten Impuls zu widerstehen, um dafür später mehr zu bekommen, waren später in der Schule besser, sozial kompetenter und konnten leichter mit Frust und Stress umgehen. Kurz, sie waren die Erfolgreicheren. Leider.

Ich teilte meiner Liebsten mit, der spätere Lebensweg unserer Tochter sei quasi vorherbestimmt und ihre Freundinnen würden im späteren Leben ihre Ziele besser erreichen.

»Das glaube ich nicht«, sagte meine Liebste. »Anna stand schon heute Morgen an der Eisdiele an, mit ihrer genervten Mutter. Leonie auch.«

Ich erinnerte mich dunkel, Leonie auch am Nachmittag in der Schlange gesehen zu haben.

»Aber Mia«, sagte ich, »Mia habe ich noch nie an der Eisdiele gesehen!«

Meine Liebste griff zum Telefon und rief Mias Mutter an. Sie erreichte sie auf dem Handy, im Hintergrund war lautes Stimmengewirr.

»Sorry«, rief Mias Mutter, »wir sind gerade beim Abendessen am Eiskiosk. Ich weiß, das macht man eigentlich nicht und wir waren heute auch schon dreimal da, aber ...«

Meine Liebste und ich fanden es dann doch ziemlich unwahrscheinlich, dass eine komplette Peergroup von Kindergartenmädchen sich schon im Alter von fast fünf Jahren so eindeutig als spätere Schul- und Berufsversager erwies.

Ich fragte meinen Arzt, ob es möglich sei, Eis mit Suchtstoffen anzureichern.

»Möglich, aber zu teuer«, sagte er. »Ich kenne die Eisdiele, meine Kinder wollen auch immer dorthin.«

»Und?«, fragte ich. »Was tun Sie dagegen?«

Er murmelte verschämt, er bewege sich mit seinen Jungs den Sommer über nur noch im Auto und umfahre die bewusste Kreuzung weiträumig. Aber irgendwann werde es ja Gott sei Dank wieder Herbst.

Als ich gestern an dem Eishäuschen vorbeiging, stellten Bauarbeiter ein Gerüst auf und legten Vorschlaghämmer bereit.

Heuchlerisch und voller Freude fragte ich den Eismann, ob die Bude denn etwa abgerissen werde.

»Nein!«, strahlte er. »Wir bauen an, einen Caféraum, damit wir das ganze Jahr offen haben können!«

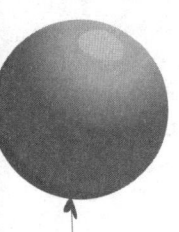

Kleiderklau

Es war im Kindergarten kurz vor dem Morgen-kreis und ich hatte es noch eiliger als sonst, denn ich war gleich im Büro mit einem wichtigen Gesprächspartner verabredet. Schnell eskortierte ich meine Tochter zu ihrem Kleiderfach, half ihr beim Stiefelausziehen, gab ihr ein Abschiedsküss-chen und bat sie, ja die Hausschuhe anzuziehen.

Und Luise sagte: »Die sind weg!«

Ich erstarrte. Aber so war es. Unbegreiflicher-weise, denn ich hatte Luise am Abend zuvor abgeholt und dabei ihre rosa Hausschuhe definitiv in ihr Fach gestellt. Wo sie jetzt fehlten. Sehr ungut, weil es im Kindergarten Treppen gibt, auf denen Kinder in Strümpfen ausrutschen können. Weil die Böden fußkalt sind und teils nass von den Schuhen der El-tern. Last, not least weil Luise schon leicht schniefte.

Ich fragte meine Tochter, wo die Hausschuhe sein könnten. »Weiß ich nicht!«, sagte sie und setzte ein charmantes Milchzahnlächeln auf.

Mit hastigen Bewegungen durchwühlte ich ihr Kleiderfach – nichts –, ging vor meiner kichernden Tochter in Liegestützposition und sah unter den Schränken nach – nichts! Ich federte wieder hoch und begann, die benachbarten Kleiderfächer zu durchwühlen, man weiß ja nie. Nichts!

Ich musste mich sehr zwingen, kinderschädigende Flüche zu unterdrücken, denn es war eben nicht das erste Mal. Meist fehlten Kleider beim Abholen: Das blaue Halstuch. Die türkisfarbene Sonnenmütze. Die rote Kapuzenjacke. Jetzt also schon beim Hinbringen.

Und selbst wenn ich gleich sehr hastig zur U-Bahn ging: Ich hatte nicht mehr viel Zeit.

Martha, die Erzieherin, schritt vorbei. In der Hand schon die Glocke, mit der sie in Kürze zum Morgenkreis läuten würde. »Martha«, rief ich, »entschuldigen Sie ...«

Huldvoll hob sie die Hand. Und wollte weiter.

»Haben Sie vielleicht Luises rosa Hausschuhe gesehen?«, rief ich ihr hinterher.

Martha zuckte die Schultern. Riet mir dann aber doch, in der Kiste mit den Fundsachen zu suchen, »aber bitte ganz schnell!«.

Ich hastete zur Kiste, und es ging wirklich ganz schnell: Abgesehen von einem skalpierten und beinamputierten Playmobil-Männchen war die Kiste leer.

Ich warf einen schnellen Blick in den Rollenspielraum. Keine Spur von den Hausschuhen, dafür stolperte ich über Leonies Vater. Er lag in seinem Sakko auf dem Bauch und kramte im Backofen der Spielzeugküche.

»Hast du Leonies Sportzeug gesehen?«, barmte er. »Ein blauer alter Jutebeutel!«

»Hintere Schrankreihe links oben hinter den Bällen«, erwiderte ich.

Er strahlte und schnellte los.

»Luises Hausschuhe?«, rief ich ihm hinterher. »Rosarot?!?«

Er zuckte bedauernd die Schultern. Ich würde zur U-Bahn rennen müssen.

Die Glocke läutete. »Morgenkreis!«, ertönte Marthas schnarrende Stimme.

Die letzten Eltern hasteten durch den Flur. Eine Mutter riss ein Fach nach dem anderen auf und fauchte etwas von einer »verdammten grünen Regenjacke«.

»Morgenkreis!«, rief Martha mahnend hinter mir.

»Ich suche die Schuhe meiner Tochter!«, erinnerte ich.

»Die finden sich wieder. Alles findet sich wieder«, erwiderte sie, als spräche sie mit einem Kind. Oder einem Vollidioten.

Dennoch, ich hatte Zweifel an ihrer Theorie. Luises verschollene Hausschuhe waren brandneu. Und die Verluste der Vergangenheit hatten gezeigt, dass die Chance, dass ein verschwundenes Stück wieder auftauchte, umso geringer war, je neuer oder schöner es aussah: die schicke schwedische Mütze, Luises Stoffhandtasche (unwiederbringliches Einzelstück), der leuchtende Sternen-Pullover – weg für immer.

Ganz anders die hässliche blaue Jacke, an der unsere Tochter unerklärlicherweise so hing. Viel zu sehr. Aber obwohl ich sie mehrfach in andere Fächer hängte: Sie kam immer zurück. Das konnte kein Zufall sein.

Es sei jammerschade, ätzte Martha, dass manche Eltern immer andere für alles verantwortlich machten.

Sie rief Luise zu sich.

»Könnten Sie meiner Tochter vielleicht andere Hausschuhe leihen«, rief ich, »oder in Gottes Namen wenigstens dicke Sock…«

Die Tür des Morgenkreisraumes schlug zu. Ich würde auch die Strecke von der U-Bahn zum Büro rennen müssen.

Es war still in der Kita. Fast.

Da hörte ich Fußgetrippel. Und sah ein kleines Mädchen vorbeirennen, das ich nicht kannte. Das aber rosarote Hausschuhe trug.

Ich stellte die Kleine kurz vor dem Morgenkreisraum und bat, mir mal ihre Schuhe ansehen zu dürfen. In Luises Schuhen nämlich stand ihr Name. All ihre Kleidungsstücke waren beschriftet, alle Eltern machten das so.

Nicht, dass das half. Mias Mutter behauptete, es müsse Kindergarten-Banden geben, die systematisch Klamotten klauten und auf fernen Flohmärkten verscherbelten. Meine Liebste hielt dagegen, es handele sich sicher nur um verwirrte Einzeltäter. Doch auch mein Mitgefühl mit denen war begrenzt.

»Mein Papa hat gesagt, ich darf die Schuhe nicht ausziehen!«, sagte das kleine Mädchen zu mir.

»Ach?«, sagte ich. »Das hat er gesagt? Wer ist dein Papa?«

Das Mädchen zeigte den Flur entlang. Ganz vorn,

direkt neben dem Eingang, wühlte eine gebückte Gestalt in einem Kleiderfach. Der Mann, ich kannte auch ihn nicht, sah mich fassungslos an, als ich klarstellte, dass er gut daran tue, zu kooperieren, allein schon, um sein Kind da nicht zu sehr mit hineinzuziehen.

Endlich zog er ihr die Schuhe aus. »Emily« stand darin.

Ich kam zu spät ins Büro, und dort fand ich die Hausschuhe meiner Tochter in meiner Umhängetasche, weiß der Henker, wer sie da hineingesteckt hatte.

Wenigstens kam mein Gesprächspartner noch später als ich. »Sorry«, sagte er, »im neuen Kindergarten meiner Tochter war so ein Vollidiot ... – ach Sie sind das ...«

Sieben Gepäckstücke, eine Gitarre und ein Kleinkind

Ich hasse bahnfahrende Eltern. Die Sorte Eltern in durchgeschwitzten T-Shirts und mit müffelnden Rucksäcken, die ihren Buggy direkt hinter der Tür des Großraumwagens abstellen. Und die es völlig überfordert, ihre quengelnden Kinder unter Kontrolle zu halten: Entweder sie sinken sofort nach Erstürmung ihrer Sitze ins Koma und lassen alles geschehen. Oder sie drohen Thorben und Lissa-Valerie die ganze Bahnfahrt hindurch mit lauter Stimme die grausamsten Dinge an, wenn sie nicht endlich aufhören zu schreien. Natürlich hören Thorben und Lissa-Valerie nicht auf zu schreien: Sie wissen genau, dass ihre schlaffen Eltern die angedrohten Grausamkeiten niemals exekutieren werden. Und so bleibt den anderen Fahrgästen schließlich nur, gleichermaßen vor Eltern und Kindern zu fliehen.

Ich möchte ungern mit Leuten verwechselt werden, die das Ansehen der Familie in der Öffentlichkeit derart schädigen, dass die Geburtenrate seit Jahren nicht aus dem Knick kommt.

»Lass uns ein Auto mieten«, sagte ich, als wir ans Meer fahren wollten. »Luise spielt mit allem, was schmutzig ist, wir haben dort keine Waschmaschine und werden massenhaft Kleider mitnehmen müssen!«

»Kommt nicht infrage«, erwiderte meine Liebste. »All das können wir doch viel ökologischer mit der Bahn transportieren. Wir brauchen sonst auch kein Auto. Warum sollen wir jetzt teuer eins mieten, das immer nur rumsteht, während wir am Strand sitzen?«

Ich reservierte im Zug drei Plätze. Nicht im Großraumwagen, sondern im Kleinkindabteil, wo wir als Familie zumindest die moralische Überlegenheit haben würden. Dass die Reservierung auf Anhieb klappte, hätte mich misstrauisch machen müssen.

Zehn Tage vor Abfahrt begannen wir, auf dem Gästesofa zu sammeln, was wir mitnehmen wollten. Schon sechs Tage vorher war der Haufen enorm. Ich entfernte zwar heimlich die Hälfte der Pullover, zwei Handtaschen und ein Kricket-Spiel. Insgesamt half das aber wenig.

»Wir dürfen«, ermahnte ich die Liebste und Luise bemüht ruhig, »nicht mehr mitnehmen, als wir tragen können!«

Wir einigten uns auf zwei Rollkoffer und eine Rolltasche. Dazu einen großen Rucksack für mich, einen kleinen Rucksack für Luises Puppen und Kuscheltiere und eine Handtasche nebst Ersatzhandtasche für meine Liebste. Dass auch das zu viel war, merkte ich, als ich mit dem Rucksack auf dem

Rücken und beiden Rollkoffern von einem Wohnzimmerende zum anderen rannte: Beim Wenden vor dem Sofa verkeilten sich die beiden Koffer und donnerten in die Stehlampe.

»Was machst du?«, rief meine Liebste.

»Ich übe. Du weißt doch, dass Züge immer mit anderer Wagenreihenfolge einfahren als angekündigt und man dann zur richtigen Tür laufen muss«, sagte ich. »Übrigens, was wir mitnehmen wollen, ist immer noch zu viel. Kannst du nicht noch etwas dalassen?«

Sie nickte gedankenverloren. Dann fiel ihr etwas ein: »Ich brauche noch meine Gitarre. Unbedingt.«

»Aber …«, stotterte ich, »das geht gar nicht. Lass uns ein Auto mieten!«

»Wegen einer Gitarre?« Meine Liebste begann zu lachen und küsste mich.

Es stellte sich heraus, dass wir für Fleecejacken, Regenmäntel, Proviant und Schwimmflügel noch eine weitere Tasche benötigten. Dazu noch eine für die Bücher und für die aufblasbare gelbe Ente. Als ich entdeckte, dass wir die Wanderschuhe noch nicht eingepackt hatten, nahm ich meine Liebste beiseite. »Wir haben sieben Gepäckstücke plus Gitarre, aber nur vier Hände und müssen auch noch Luise festhalten. Und wir haben zum Ein- und Aussteigen nur wenige Minuten. Das schaffen wir nie!«

Meine Liebste sagte, das würden wir schon hinkriegen, wir hätten nun wirklich genug darüber geredet und ich solle vor unserer Tochter bitte kein Feindbild Bahn aufbauen. Ich bestand darauf, wenigstens das schnelle Aus- und Einsteigen mit Gepäck zu üben. Wir übten so lange, bis einer der schweren Koffer meinen feuchten Händen entglitt und die Kindergitarre zerschmetterte, die Luise unbedingt noch hatte mitnehmen wollen. Sie redete erst am nächsten Morgen wieder mit mir.

Auf dem Bahnhof lief alles top. Nur leider fehlte das Kinderabteil mit den reservierten Plätzen. Und der Zug war voll. Sehr voll.

»Seien Sie froh, dass wir Sie mit Ihrem Übergepäck überhaupt mitnehmen«, sagte der Zugbegleiter. »Und beeilen Sie sich, ich pfeife jetzt ab.«

Nur knapp vor einer anderen Familie erreichten wir ein paar freie Sitze in einem Großraumwagen, verstauten die Koffer ächzend unter den genervten Blicken der Umsitzenden. Und sanken erschöpft und schwitzend auf unsere Sitze. Fast so, als seien wir nicht wir, sondern eine dieser anderen bahnfahrenden Familien, die ich keinesfalls sein wollte.

Das war, kurz bevor meine Liebste sagte, Luise fühle sich so heiß an. Und Luise sagte, nein, sie fühle sich nicht heiß an. Und sich dann in hohem Bogen erbrach, über unserer beider Schoß und weit in den Mittelgang, wo unsere Rucksäcke standen.

Sandburgzentralgraben mit Zugbrücke und Rentnerschutzwall

Ich bin heilfroh, dass meine Tochter endlich alt genug ist zum Bau einer Sandburg. Eine Tätigkeit, die Körper und Geist fit hält, Planungs- und Abstraktionsvermögen trainiert. Bei der man sich an der frischen Luft aufhält und garantiert ein Erfolgserlebnis hat – Idealeres kann es nicht geben für ein Kind.

Schon als Luise noch viel, viel kleiner war, führte ich Eimer und Schaufeln vorsorglich bei allen Ausflügen ans Meer mit; man weiß ja nie, wann ein kleines Mädchen plötzlich die Lust zum Burgenbauen überkommt. Um weitere Anreize zu schaffen, begann ich, am Strand mit ostentativer Begeisterung einen Burghügel nach dem anderen anzulegen. Bis meine Liebste zu bedenken gab, das werde wenig nützen, solange unsere Tochter noch nicht geboren sei. Aber wenn es mir Spaß mache …

»Spaß?«, erwiderte ich stets. »Ich tue das nur für unser Kind!«

Dann war es endlich so weit. Wir waren am Meer. Luise trug die langstielige Buddelschaufel über der Schulter, wie wir es zu Hause geübt hatten. Und kaum hatten wir den Strandkorb bezogen und ich auf all die anderen Kinder hingewiesen, die längst bienenfleißig Burgen bauten, begannen die Augen meiner Tochter zu blitzen, und sie rannte los. Ich hinterher.

»Lass sie es doch alleine versuchen!«, rief meine Liebste.

Ich rief zurück, sie solle sich keine Sorgen machen: Ich wolle Luise nur zeigen, wie man den Burghügel anlegen müsse. Und vor allem: wo.

Eine Sandburg, die etwas auf sich hält, liegt so dicht an der Wasserlinie, dass man den feuchten Sand von dort auch für anspruchsvollere Bauwerke verwenden kann und sich obendrein ein Kanal ziehen lässt, der Meerwasser in den Burggraben leitet. So etwas ist an Nordseestränden ohne akute Gefahr für die Burg nicht machbar; nicht ohne Grund fahren wir seit Jahren an die Ostsee. An diesem Tag waren die Bedingungen ideal: Das Meer war ruhig wie eine Badewanne.

Luise und ich konnten den unteren Teil der Burg, eine Kette von vier turmbewehrten Hügeln, so nah ans Ufer setzen, dass selbst die älteren Leute, die unbeirrt, den Blick am Boden, immer genau am Wasser entlanggingen, stehen bleiben und staunen mussten.

Und der Vater mit den zwei Jungs an der Burg nebenan erst neidische Blicke herüberwarf. Und dann seine Söhne antrieb.

Ihre Ausrüstung beschränkte sich allerdings auf Eimer, Kurzschaufel und Förmchen. Als das Nachbarteam erst das dritte Türmchen errichtete, hatte ich mit der großen Buddelschaufel schon den gewaltigen Hügel unserer Hauptburg aufgehäuft. Und während sie hektisch mit bloßen Händen an der zweiten Mauer arbeiteten, waren Luise und ich längst mit dem dritten Auffahrtsweg fertig.

Irgendwann hatte meine Tochter dann zwar keine Lust mehr, im Akkord Wasser herbeizuschleppen. Aber ein Burgzentralgraben mit Zugbrücke und vier kommunizierenden Tunneln lässt sich sowieso besser ohne eine zappelige Fünfjährige entwerfen. Dann jedoch kam Luise mit der absurden Idee, unser Werk durch einen spontanen zweiten Graben zum Meer zu gefährden.

»Luise«, warnte ich, »das Wasser würde viel zu schnell einströmen. Dann geht alles kaputt!«

»Ja!«, jauchzte Luise. »Eine Überschwemmung!«

»Luise«, sagte ich, »das möchtest du doch nicht wirklich, oder?«

»Das macht nix, das kann man doch wieder neu bauen!«, rief Luise und griff nach der Schaufel.

Ich kniete neben meiner Tochter nieder. Damit die Konkurrenz unser Gespräch nicht verfolgen konnte und weil meine Beine schwach wurden.

»Luise«, ich versuchte, so ruhig wie möglich zu bleiben, »ich erlaube nicht, dass du alles, was wir gemeinsam aufgebaut haben, jetzt ohne Not gefährdest. Wenn du größer bist, wirst du mich verstehen: Es wird keinen zweiten Graben geben. Jetzt nicht und niemals! Nur über meine Leiche!«

Luises Unterlippe zitterte. »Papa, das ist gemein!«, rief sie. »Warum baust du dir keine eigene Sandburg?«

Dass sie bei ihrem wütenden Rückzug zum Strandkorb den östlichsten Mauerturm köpfte, ließ sich schnell wieder beheben. Und dass kurz danach unsere Buddelschaufel brach, war nicht mehr tragisch: Den Rentnerschutzwall, der verhindern sollte, dass besonders Sture mitten durch die Vorburg latschten, häufte ich mit dem Eimer auf.

Erst als meine Liebste mir Blasenpflaster für meine Hände brachte und fragte, ob wir nicht wenigstens noch den Sonnenuntergang gemeinsam genießen wollten, fiel mir auf, wie spät es war. Alle anderen Burgenbauer am Strand waren längst weg, ausgenommen natürlich der Vater samt Söhnen neben uns. Die lauernde Art, wie sie ständig herübersahen, gefiel mir nicht.

»Was hältst du davon«, fragte ich meine Liebste, »wenn wir einfach hier bleiben? Ein Picknick am Strand machen und dann ganz romantisch in einem schönen Hotel übernachten?«

Liebste und Tochter strahlten. Es wurde ein toller Abend, erst recht, als die Dreierbande von nebenan endlich zähneknirschend abgezogen war.

Aus unserem Hotel konnten wir wunderbar aufs Meer sehen. Das gegen Morgen unruhig wurde. So unruhig, dass ich losstürzte, zu unserer, zu meiner Sandburg.

Als Luise hinterherkam, hatte sie unsere Schaufeln in der Hand.

»Papa«, rief sie, »komm, das macht nix, das kann man doch wieder neu bauen!«

Vater und Tochter
und die Damendusche

Luise macht einen Schwimmkurs. Im Grunde eine hoch erfreuliche Sache. Das einzige Problem ist ihr Geschlecht. Oder meins. Beziehungsweise unser beider. Wie auch immer: Es kommt zu Komplikationen, weil wir in unserer Familie eben nicht die Rollenteilung haben, nach der es allein Aufgabe meiner Liebsten wäre, unseren kleinen Schatz morgens zum Seepferdchenkurs zu begleiten. Stattdessen sagte ich ganz arglos: »Na klar teilen wir das auf!«

Ich hatte mir bis zum Tag der ersten Schwimmstunde niemals Gedanken darüber gemacht, dass es in unserem Schwimmbad nur Sammelumkleiden für Männer und Frauen gibt. Ich machte mir auch am Tag selber keine Gedanken. Sondern bugsierte, wir hatten nicht mehr allzu viel Zeit, meine Tochter in die für sie passende, nämlich die Frauenumkleide, öffnete ein Schließfach, warf einen Euro ein. Und rief Luise über die Schulter zu, sie solle sich ausziehen, auch den Schlüpfer, und bitte schnell.

Erst dann bemerkte ich das Schweigen. Um mich herum stand ein halbes Dutzend teilweise bekleidete Frauen und sah mich an. Als sei ich hier falsch. Ganz falsch.

»Entschuldigung«, murmelte ich reflexhaft, »meine Tochter muss zum Schwimmkurs …« Keine antwortete.

Ich bin ein feinfühliger Mann. Ich nahm Luise und ihre Kleider, und wir gingen in die Sammelumkleide gegenüber.

Halbnackte Männer sind eindeutig toleranter gegenüber dem anderen Geschlecht als halbnackte Frauen. Niemand machte Anstalten, Luise aus dem Raum zu mobben. Andererseits ist es für einen Vater kein optimales Gefühl, seine Tochter in Gegenwart von fünf wildfremden Männern auszuziehen, die ihrerseits die Hosen herunterlassen. Ich war froh, als wir bei den Duschen waren.

Ganz kurz. Denn auch hier hatte niemand damit gerechnet, dass jemals eine Mutter mit kleinem Sohn oder gar ein Vater mit kleiner Tochter, man also gemischtgeschlechtig zum Schwimmen erscheinen könnte. Es machte die Sache auch nicht leichter, dass ich, Schuhe und Strümpfe ausgenommen, nach wie vor bekleidet war.

Erst wollte ich Luise in die Männerdusche schieben. Allerdings war die sehr voll, die Duschenden waren alle völlig nackt, und ihre Genitalien baumelten genau in Luises Augenhöhe. Also zog ich meine motzende Tochter – »Oh Mann, Papa! Was! Soll! Das!« – schnell wieder heraus und schob sie mit ostentativ abgewandtem Blick in die Damendusche.

»Drück, Luise«, rief ich ihr nach, »drück einen Duschknopf!«

»Geht nich!«, rief Luise durch das Wasserrauschen.

»Versuch es!«, rief ich. »Drück ganz fest, oder hau drauf!«

»Geht nich!«, schniefte Luise von drinnen.

»Könnte«, rief ich in Richtung der sich im Duschnebel einseifenden weiblichen Schemen, »könnte jemand meiner Tochter bitte mal mit der Dusche helfen? Bitte einmal drücken? Nur einmal kurz?«

Keine Reaktion. Wahrscheinlich handelte es sich um dieselben Frauen, die ich bereits in der Umkleide kennengelernt hatte.

Die Zeit wurde knapp; am Beckenrand versammelte der Schwimmlehrer schon die Kinder. »Komm raus, Luise!«, rief ich. »Es geht einmal auch ohne Duschen!«

»Nein«, brüllte Luise zurück, »man MUSS duschen! Papa! Komm!«

Die Augen starr zur Wand gerichtet, tastete ich mich in die Frauendusche zu meiner Tochter und drückte den erstbesten Knopf. Ein eiskalter Wasserschwall ergoss sich über mich. »Papa«, rief Luise, »ich muss mal!«

Aufstöhnend zog ich sie nach draußen. Der Schwimmlehrer verteilte schon die kleinen blauen Brettchen. Die Männertoilette war so schmutzig, dass selbst Luise auf den Besuch der Damentoilette bestand. Und darauf, ich müsse mit rein, sicherheitshalber, »ich muss was Größeres«.

Ich würde nicht behaupten, dass ich einen gefährlichen Anblick bot. Obendrein setzte ich das harmloseste Lächeln auf, zu dem ich noch in der Lage war. Die drei Frauen, die uns in der Toilette entgegenkamen, drückten sich dennoch, jeden Blickkontakt vermeidend, so starr zur Seite, als hielte ich nicht meine Tochter, sondern einen Flammenwerfer im Arm. Als ich mit Luise wieder aus der Kabine kam und sie – »Papa, man MUSS Hände waschen!« – mit so geschlechtsneutralem Gesichtsausdruck wie möglich zum Waschbecken schob, betrat eine blonde Frau im knappen Badeanzug die Toilette. Sah mich, drehte sich um und ging wieder. Öffnete die Tür schnell ein zweites Mal, sah mich an, stieß einen leisen Schrei aus. Sah dann Luise und ging noch einmal.

»Ist das der Mann?«, fragte eine tiefe Stimme, als Luise und ich die Toilette verließen.

Bis ich den Bademeister über die Harmlosigkeit meines Treibens aufgeklärt und gefragt hatte, wieso man mich als Vater überhaupt in diese Lage bringe, war Luises Schwimmkurs schon halb vorbei, und meine Tochter war stinksauer auf mich.

»Vielleicht«, sagte ich abends zu meiner Liebsten, »müssen wir doch noch mal über unsere Rollenverteilung nachdenken.«

Bleib weg vom Stall, da sind Tiere!

Auch dieses Jahr fuhren wir nach Bayern auf den Bauernhof. Das machen wir schon immer, denn es ist wunderschön dort. Diesmal war es anders. Luise ist nicht mehr in dem Alter, in dem Mädchen auf Bauernhöfen brav auf den gepflasterten Wegen bleiben und stets in Sichtweite der Eltern. In dem man ihnen sagen kann: »Bleib weg vom hohen Gras, da sind Zecken! Bleib weg vom Stall, da sind Tiere!« Luise ist in dem Alter, in dem man aus dem Auto springt, auf Nora, die gleichaltrige Enkelin der Bäuerin, zusteuert und dann Hand in Hand mit ihr im Kuhstall verschwindet.

Meine Liebste und ich wechselten überraschte Blicke.

»Keine Sorge!«, lachte die Bäuerin. »Nora kennt sich aus!«

Unter dem Vorwand, schnell die Tiere begrüßen zu wollen, ging ich hinterher. Abgesehen von 20 Kühen, 40 Schwalben und 400 Fliegen war der Stall leer. Ich rief Luise. Keine Antwort. Ich sah in die Futtertröge (zwei Mäuse) und unter jede Kuh (gottlob nichts).

Als ich aus der offenen Tür auf der anderen Stallseite stürzte, sah ich unsere Tochter. Sie stand Auge in Auge mit einem Kalb und kraulte es an der Stirn, während Nora neben ihr eine Katze auf dem Arm hielt.

Entspannt lächelnd schlenderte ich zu meiner Liebsten zurück. »Was ist mit dir?«, fragte sie erschrocken.

Wir baten Luise, als sie heil und mit der Katze auf dem Arm wieder auftauchte, sich gründlich die Hände zu waschen. »Gleich!«, rief Luise und rannte mit Nora zum Ziegengehege.

»Nimm die Hände nicht in den Mund!«, rief ich ihr hinterher.

Als wir unsere Tochter wiedersahen, saß sie mit ihrer neuen besten Freundin vor einem tropfenden Jauchewagen im Gras und stopfte sich mit beiden Händen etwas Dunkles in den Mund. Glücklicherweise handelte es sich um selbst gebackenen Kuchen der Bäuerin. Luise räumte ein, in der Zwischenzeit nicht nur die Ziegen, sondern auch den nassen Hofhund gestreichelt zu haben. »Aber: Ich habe mir die Hände gewaschen!«

»Wo denn?«, fragte die Liebste betont harmlos.

Luise zeigte auf eine algenüberwucherte Badewanne mit trüber Brühe an der Hauswand. »Macht Nora auch immer so!«

Wir entrissen unserer Tochter den Kuchenrest und eskortierten sie zum Waschbecken. Danach, sie zeigte keine Vergiftungserscheinungen, durfte sie zurück zu Nora – nachdem sie hoch und heilig versprochen hatte, die Wanne zu meiden, nichts Schmutziges mehr anzufassen und danach etwas zu essen und ihren Sonnenhut aufzubehalten. Wir baten sie auch eindringlich, die Schuhe anzulassen, wenigstens in der Wiese, in der es vor Bienen wimmelte. Wenige Minuten später war sie barfuß, denn Nora war das auch.

»Luise«, sagte ich, »wenn du einen Stich in den Fuß bekommst, tut das sehr weh. Ich bin als Kind von einer Biene gestochen worden und bin hin- und hergehüpft vor Schmerzen!« Luise kicherte und zog ab. Schuhe und Sonnenhut ließ sie liegen.

Meine Liebste und ich begannen, in regelmäßigen Abständen zu Hat-Luise-Hut-und-Schuhe-an?-Kontrollgängen aufzubrechen. Und nicht nur deswegen: Überall stand und lag gefährliches landwirtschaftliches Gerät herum, der Misthaufen war erkennbar nicht nach den Regeln der Statik errichtet, es gab einen mir gegenüber seit Jahren aggressiven Hahn, und die Bauersfamilie raste mit ihren Traktoren über den Hof wie der Teufel.

Luise fand es grässlich, ständig beschattet zu werden. Aber wenigstens hatte sie bis zum Abend weder Magenkrämpfe noch Fieberdurchfall. Keine Zecke, keinen Bienen-, nicht mal einen Sonnenstich. Kaum lag sie frisch geduscht und mit glücklichem Lächeln im Bett, sanken wir erschöpft unters Kruzifix auf die Eckbank nieder.

»Es geht nicht«, sprach es meine Liebste aus. »Wir können nicht ständig hinter Luise herhopsen wie die Vollneurotiker. Sonst hat hier keiner was vom Urlaub. Unsere Tochter ist klug. Und überleg doch mal: Ist uns in all der Zeit auch nur einmal etwas zugestoßen?«

Ich dachte an die haarige grüne Raupe, die vor fünf Jahren das Hosenbein meiner Liebsten geentert hatte, worauf sie sich schreiend die Kleider vom Leib riss, zum Entzücken einiger Wanderer. »Du hast recht«, sagte ich. »Wir müssen loslassen.«

Ab dem nächsten Morgen waren wir also wirklich entspannt. So richtig. Wir saßen unter dem großen Baum und blickten auf die bayerischen Berge. Ich hörte Musik, vorher hatte ich unauffällig eine gute Erste-Hilfe-App auf mein Handy geladen. Meine Liebste las. Unsere Tochter spielte irgendwo, aber Nora kannte sich aus. Wir zuckten nur ganz leicht, wenn ein Traktor vorbeiknatterte.

Endlich hatten wir Urlaub.

Und es klappte: Nicht wir mussten unserer Tochter hinterherlaufen, sie kam zu uns. Aufgeregt, mit ihrer Freundin, die etwas an sich drückte, das aussah wie ein reichlich zerfleddertes Plüschtier.

»Mama, Papa guckt mal«, rief Luise begeistert, »den toten Vogel hat Nora in der Wanne gefunden!«

Frag Oma nach Fußball

Als ich vor mehr als fünf Jahren erfuhr, dass wir ein Mädchen bekommen würden, war ich besorgt. Weil ich befürchtete, sie könnte meine Nase bekommen.

Aber ich war auch erleichtert. Denn ich bin kein großer Fußballfan. Und mit einer Tochter würde ich nicht wie meine Freunde mit ihren Söhnen unzählige Samstag- und Sonntagvormittage auf schlammigen Fußballplätzen verbringen müssen. Oder lange Abende in gewöhnungsbedürftiger Kleidung in kalten Fußballstadien. Oder Stunden über Stunden vor dem Fernseher, Bundesliga guckend, und über Punktetabellen, Begeisterung vortäuschend.

Wie gesagt: Ich war erleichtert.

Bis Luise mir eines Morgens eröffnete: »Papa, ich bin Fußballfan!«

»Sicher, Luise«, sagte ich, gerade das Morgenmüsli anrührend, »komm frühstücken. Was hast da du für ein Heft?«

»Den Kicker!«, erwiderte meine Tochter. Mir fiel die Müslischüssel aus der Hand.

»Kannst du mir helfen?«, fragte Luise und streckte mir etwas entgegen. Eine Bundesliga-Stecktabelle aus Pappe.

»Luise«, fragte ich entgeistert. »Wo hast du das her?«

»Von Oma«, erwiderte meine Tochter und drückte mir ein längliches Pappstück in die Hand. »Kannst du Dortmund einstecken? Das geht so schwer.«

Tatsächlich, das Ding trug das Logo von Borussia Dortmund. »Wo soll ich das denn einstecken, Luise?«, fragte ich.

Luise verdrehte die Augen. »Oh Papa, ruf Oma an!« Meine Liebste bekam einen Lachanfall.

Mir fielen auf Anhieb zwei Schulfreunde ein, Familienväter mitten im Leben stehend, deren männliches Selbstbild an dieser Stelle massiv ins Wanken geraten wäre. Ich dagegen fragte meine Liebste, was mit unserem Kind los sei.

»Also«, kicherte die Liebste, »du hast doch, kaum konnte sie laufen, schon mit ihr Ball gespielt.«

»Weil ihr das so Spaß machte«, sagte ich. »Ich wusste doch nicht, dass das solche Folgen …«

»Und wer hat ihr, als wir während der EM beim Italiener essen waren und auf der Leinwand ein Spiel lief, ausführlichst erklärt, wie Fußball funktioniert?«

»Hör mal«, sagte ich, »das war vermutlich die letzte Chance meines Lebens, unsere Tochter mit meinen Fußballkenntnissen zu beeindrucken … Aber du hast mit ihr neulich erst Frauenfußball geschaut!«

»Weil sie ganz wild darauf war«, sagte meine Liebste.

Vorsorglich rief ich meine Schwiegereltern an, um sie zu bitten, Luises Fußballbegeisterung nicht unnötig zu schüren.

»Ach wieso«, sagte meine Schwiegermutter. »Die paar Nachmittagsspiele, sie kennt noch nicht mal alle Spieler. Gut, natürlich Özil, Lahm, Schweinsteiger …« Zwei der Namen kamen mir bekannt vor, den dritten hätte ich eher im Medizinbereich verortet.

»Ihr lasst sie Fußballspiele gucken?«, fragte ich.

»Nur die erste Halbzeit, Kinder dürfen ja noch nicht so viel fernsehen. Und die Champions League kommt ja erst abends, wenn sie im Bett ist …«

Es war zu spät. Zwei Tage später eröffnete mir meine Liebste, unsere Tochter habe so lange gequengelt, bis sie beim Sportverein nachgefragt habe, ob es eine Mädchenfußballmannschaft gebe – ja! – und ab wann Kinder dort eintreten dürften: »Wenn sie fit sind: sobald sie keine Windeln mehr tragen! Wir haben mal einen Termin mit dem Trainer ausgemacht. Du hast doch nichts dagegen?«

»Oh nein!«, knirschte ich. »Warum denn?«

Ich hatte auch nichts dagegen, dass Luise die Bundesligatabelle unbedingt mit in den Kindergarten nehmen wollte. Nirgendwo sonst war die Chance größer, dass das Teil verloren ging. Kaum tauchte meine Tochter mit der Tabelle auf, war sie von einer ehrfürchtigen Horde Jungs umringt.

»Ich hab zu Hause auch eine Tabelle!«, raunte mir ein blonder Knirps zu, von Mann zu Mann.

»Und?«, fragte ich, denn mir fiel nichts anderes Männerkompatibles ein, »weißt du, auf welchem Platz Dortmund steht?«

Er überlegte. »Dritter?«

Ich wollte schon nicken. »Stimmt nicht!«, rief Luise. »Vierter Platz!«

»Genau!«, sagte ich schnell.

Der Kleine nickte uns beiden zu. Ziemlich respektvoll.

Na gut, was soll's: wenn meine Tochter vor dem Medizinstudium noch zwei, drei Jahre Fußballprofi werden will – warum nicht?

Das gelbe Blümchenkleid —
und sonst nichts

Es soll nun um ein Drama gehen, das sich so oder ähnlich allmorgendlich bei uns wiederholt. Das Drama heißt: »Ich will das nicht anziehen, sondern das!« Diesmal hieß es: »Ich will das gelbe Blümchenkleid anziehen oder gar nix!«

Meine Liebste rollte die Augen, sie hatte unserer Tochter eben geeignete Kleidung für den Tag bereitgelegt: Unterhose, Strümpfe, Unterhemd, Jeans. Und das rote langärmelige Shirt mit den Möwen, das Luise normalerweise so gerne mochte.

Aber morgens ist nicht normalerweise. Und Luise stand nackt und mit trotzig verschränkten Armen vor der Kleiderauswahl.

»Luise«, sagte meine Liebste gefasst. »Kleiner Schatz, es ist nicht mehr Sommer. Das gelbe Blümchenkleid ist schön, aber viel zu dünn! Es wird dir zu kalt werden!« Dabei schloss sie routiniert das Fenster, der Nachbarn wegen. Keine Sekunde zu früh.

»Neeeiiin!«, explodierte Luise und schleuderte das rote Möwenshirt in die Ecke. »Das ist mir doch egal!«

»Hör mal«, versuchte es die Liebste, »warum ziehst du nicht das schöne Mickymaus-Shirt an? Oder das tolle Eulen-Shirt, guck mal ...«. Pädagogen raten dazu, dem Kind Alternativen zu bieten. Pädagogen raten auch zum Zweischranksystem: ein Schrank, in den man morgens schnell alle Kleidung räumt, die für das jeweilige Wetter nicht geeignet ist. Und ein zweiter (!) Schrank, aus dem das Kind dann in aller Ruhe aussuchen darf. Pädagogen gehen offenbar davon aus, dass Eltern massenhaft Schränke und keine anderweitigen Verpflichtungen haben.

Luise rannte zur Handtuchschublade, riss sie auf und das dort versteckte gelbe Kleid heraus und hielt es sich vor die Brust. Wie gesagt, das Kleid war hauchdünn, in der naiven Hoffnung auf heiße Sommertage gekauft.

»Luise«, sagte ich, kauerte mich vor unsere Tochter und nahm sie in den Arm, »in deinem Schrank ist doch noch die grüne Kapuzenjacke von Amelie, die du eigentlich erst anziehen darfst, wenn du richtig groß bist ...« Amelie ist ein 12-jähriges Mädchen aus unserem Haus, die Luise ganz toll findet.

»Nein!«, sagte unsere Tochter. »Das geht nicht. Die Kapuze hüpft immer, wenn ich hüpfe! Das will ich nicht!«

»Du darfst«, ich kam mir fast vor wie ein Staubsaugervertreter auf Tour, »dazu auch ausnahmsweise den furchtbaren Hello-Kitty-Haarreif ...« Meine Liebste stieß einen Seufzer aus.

»Papa«, schrie Luise ungeduldig, »ICH! WILL! DAS! KLEID! SONST KEINS!«

Bei Kindern in Luises Alter geht es um weit mehr, als eigene Kleidervorlieben zu entwickeln. Es geht darum, auszudrücken, wer und was man sein will. Der Wunsch unserer Tochter bestand darin, als geblümter Kanarienvogel durch den Kindergarten zu flattern und sich zu erkälten. Wie ihre Freundin Leonie, die im letzten Winter darauf bestanden hatte, nur mit einem Fahrradhelm bekleidet im Kindergarten zu erscheinen. Mit Erfolg – sie lag fünf Tage im Bett.

»Gut«, sagte meine Liebste, »wenn du unbedingt willst, darfst du das gelbe Kleid anziehen. Aber nur, wenn du ein langärmeliges T-Shirt drunter ...«

»Ein kurzärmeliges!«, rief Luise. »Es ist heiß!«

Ich wies sie darauf hin, dass es draußen sicher demnächst schneien werde. Die Liebste sagte auf Englisch, das sei wenig zielführend. Sie ging mit unserer Tochter den Shirt-Stapel durch. Luise favorisierte das dünnste, das zu finden war, weil es so schöne Streifen habe.

»Oh, Luise«, sagte ich genervt. »Zieh doch gleich das Schlafanzugoberteil an, das hat noch schönere Streifen!«

Sonst hört meine Tochter nie auf mich. Diesmal jauchzte sie begeistert auf, zog sich das Oberteil über den Kopf, das Kleidchen hinterher und fing an, sich vor dem Spiegel zu drehen. Meine Liebste sah mich strafend an. Gut, unsere Tochter sah aus wie eine Hummel, die sich als Kanarienvogel verkleidet hat, aber wenn wir dafür pünktlich zur Arbeit kamen?

Die Liebste forderte Luise auf, nun aber sehr schnell Unterhose, Strümpfe und Hose anzuziehen.

»Keine Hose!«, rief Luise. »Luise!«, rief meine Liebste drohend. »Eine Leggins!«, verlangte Luise.

Es gab eine hellgraue und eine dunkelblaue. Beide gefielen Luise nicht. »Pass auf«, sagte die Liebste zu ihr, »wenn wir in fünf Minuten wieder da sind, hast du eine von beiden an. Sonst kommen wir zu spät, und das wollen wir nicht, hörst du?«

Eine unbestimmte Ahnung ließ uns schon nach drei Minuten zurückkehren. Luise hatte ihre Kinderschere in der einen Hand, ihre orange Strumpfhose in der anderen. Und versuchte gerade, sie durch Abschneiden der Füße zur Leggins zu machen.

In einem beispiellosen Akt von Diplomatie überzeugten wir sie davon, dass es besser sei, die Strümpfe doch gleich an der schönen neuen »Leggins« dranzulassen. Dann, endlich, trat unsere Tochter ein letztes Mal vor den Spiegel.

»Das sieht nicht gut aus«, meinte sie und zeigte auf das gelbe Kleidchen. »Das passt nicht zur Leggins!« Die Blicke, die meine Liebste und ich wechselten, waren mehr als verzweifelt.

Luise hob etwas auf. Das rote Shirt mit den Möwen. »Das ziehe ich an!«, rief sie. »Und kein anderes!«

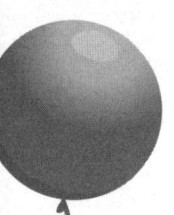

Mogelpackung Wundertüte

Meistens hat man keine Ruhe, wenn man mit Kindern essen geht. Aber manchmal geschieht ein kleines Wunder. Zumindest sah es bei uns zunächst so aus.

Wir hatten einen langen Tagesausflug mit Freunden hinter uns, der im Stau endete. Fielen unterzuckert, dehydriert und mit schlecht gelaunten Kindern in einem kleinen Ort auf dem Land ein, auf der Suche nach einer Fischbude oder gar einer Kneipe. Und konnten es kaum glauben, als wir eine Pizzeria entdeckten. Mit großem schattigen Biergarten. Mit einem Schild »Kits willkommen!« neben dem Eingang und Kinderpizzen auf der Karte, die »Becki Bauer« und »Trappo Toni« hießen. Die blonde Bedienung reagierte auf unseren weltläufig-italienischen Gruß zwar ratlos, sagte dann aber beim Bestellen strahlend: »Für jedes Kind gibt es eine tolle Wundertüte!«

Schlagartig wich die dumpf-erschöpfte Stimmung

an unserem Tisch. Luise und ihre Freundin Mia vergaßen zu quengeln. Die Mütter sagten:»Das ist ja wirklich nett.« Wir Väter nickten und legten das schmerzende Kupplungsbein hoch.

Gemessen an dem, was wir erwartet hatten, nämlich nichts, waren die Tüten phänomenal. Jede enthielt einen ausziehbaren Schaumstoff-Zauberstab, einen kleinen grünen Plastikfrosch, der mit einer Spiralfeder hüpfen konnte, und eine Klapper aus drei Plastikteilen, zusammengehalten mit einem Gummiband. Obendrein wären die Tüten zum Ausmalen geeignet gewesen, hätten Luise und Mia sie nicht wie zwei gierige Raptoren beim Öffnen in Stücke gefetzt. Aber das war egal, denn sie spielten. Und wir hatten unsere Ruhe. Es war himmlisch.

Wir lehnten uns zurück und genossen die Luft, das Vogelgezwitscher, die Ruhe, nur gelegentlich unterbrochen vom Lachen unserer Kinder. Was machte es, dass die Getränke warm waren, als sie endlich kamen? Auch dass einer der beiden grünen Hüpffrösche nach drei Minuten im Glas des Nachbargastes landete, während der andere im grünen Gras verscholl, tat nichts zur Sache. Es gab ja genug Spielzeug.

Etwa den Zauberstab, der sich sogar in zwei Hälften teilen ließ, die mir Luise hilfesuchend entgegenhielt. Ich schob die Stücke wieder ineinander. Ohne bleibenden Erfolg. Ich riet meiner Tochter, beide Stücke separat zu verwenden. Luises Augen füllten sich mit Tränen.

Schnell lenkte meine Liebste sie mit der Klapper ab. Nur kurz: Mia riss sie ihr aus der Hand, weil das

Gummi ihrer eigenen Klapper gerissen war. Dass dabei auch bei dieser Klapper das Gummiband riss, war nicht erstaunlich. Dass dagegen auch der zweite Zauberstab auseinanderflog, kaum hatte Mia ihn berührt, grenzte wirklich an Zauberei. Mia jedenfalls schob die Unterlippe vor.

»Tu doch endlich was!«, sagte Mias Mutter zu Mias Vater.

Mias Vater kroch ächzend unter den Tisch, auf der Suche nach kleinen Zweigen, Steinchen oder etwas anderem, mit dem sich zwei Hälften eines Zauberstabes ineinander verkeilen lassen. Ich reparierte unter den ungeduldigen Augen meiner Tochter ihre Klapper mit meinem Schnürsenkel. Nun klapperte sie nicht mehr.

Die Kinder waren kurz davor, in ihrem Schmerz ein Heulduett anzustimmen, da tauchte der verschollene Frosch wieder auf. Wir initiierten einen Froschhüpfwettbewerb, bei dem beide Frösche fast gleichzeitig ihre Sprungfedern verloren. Kraft meiner bisherigen Wundertüten-Erfahrung erkannte ich, dass jeder Reparaturversuch zwecklos war.

Dies war der Moment, in dem die Vögel verstummten, die Luft brannte, die Stimmung an unserem Tisch endgültig und unrettbar zu kippen drohte.

»Mia«, rief ihr Vater, verschwitzt wieder von unter dem Tisch auftauchend, »Mia, Luise, schaut mal, ich hab den Zauberstab repariert! Simsalabim, dreimal zauber, hexhex!«

Er schwenkte den Stab. Der innere Teil fuhr wie eine Rakete aus dem äußeren Teil und riss zielgenau das Glas des Nachbargastes zu Boden. Glücklicherweise saß der Mann – warum auch immer – längst nicht mehr an seinem Tisch.

Wir brachen auf, bevor die Pizzen kamen. Sie würden ohnehin nicht schmecken.

Halloween der Väter

Vor ein paar Tagen, als ich mit Luise aus dem Aufzug trat, blieb sie wie angewurzelt stehen und zeigte auf eine graue Fledermaus aus Stoff. Jemand hatte sie neben die Haustür gepinnt. Nebst einem krakelig beschriebenen Zettel: »Montag ist Halloween!!!«

Das war eine klare Drohung. In den Jahren davor hatten in unserer Gegend die Ausschreitungen an diesem Tag der Geschäftemacher, Süßigkeitenjunkies und Erpresser massiv zugenommen: Unser Haus war Opfer von Eierattacken geworden, Unbekannte hatten das Auto des geizigen Kioskbesitzers von gegenüber so gut in Toilettenpapier eingewickelt, dass er Tage danach suchte. Last, not least: Der im Hausflur abgestellte Kinderwagen der verreisten Nachbarn wurde vollgepinkelt.

Ich wollte meine Tochter schnell weiterziehen. »Komm, da hat nur einer seine Kuschelfledermaus vergessen ...«

»Oh, Papa!«, rief Luise stirnrunzelnd. »Das ist für Halloween!«

»Jaja vielleicht«, sagte ich und schob sie aus der Tür.

»Ich verkleide mich als Gespenst und gehe zusammen mit Anna, Leonie und Mia!«, krähte Luise.

Ich lachte ausweichend.

»Wir klingeln überall«, sagte Luise unbeirrt, »und dann sagen wir: ›Wir sind die Spukgespenster. Und machen sehr viel Krach. Wir sind die Spukgespenster. Und steigen euch aufs Dach. Doch habt ihr süße Sachen, hören wir auf, Krach zu machen!‹ Dann geben die Leute uns Süßigkeiten. Und Papa, du sollst mitkommen!«

Ich brauchte bis zum Kindergarten, um mich von dem Schock zu erholen. Meine Tochter, Luise, hatte nicht nur hinter meinem Rücken einen griffigen Alibispruch für Abzocker auswendig gelernt. Sie erwartete obendrein, dass ich mich den Plünderern anschloss!

»Und?«, sagte meine Liebste. »Ich komme auch mit. Oder willst du Luise alleine losgehen lassen?«

Es gibt Momente, da muss sich ein Vater entscheiden. Zwischen Recht und Gesetz und dem eigen Fleisch und Blut. Sicherheitshalber schlug ich den Kragen meines Mantels hoch und setzte ein Basecap auf. Meine Liebste zischte, ich hätte zu viele Filme gesehen. Aber auch Annas Papa trug eine Sonnenbrille, als wir uns am Kindergarten trafen. Der Vater von Leonie wirkte absichtlich unrasiert. Nur Mias Dad kam mit Anzug und Krawatte, sah uns, erbleichte und blieb unter einem Vorwand zurück. Wir anderen steuerten mit unseren drei furchterregend geschminkten und tuchbehängten Gespenstern samt dem großen grünen Katzenkrokodil – Leonie hatte sich nicht entscheiden können – auf die ersten Mehrfamilienhäuser zu.

Die Straßen waren auf einmal wie leer gefegt. Ich erläuterte meiner Tochter noch ein letztes Mal, dass man Halloween auch anders begehen könne, etwa mit einem schicken Memory-Spiel daheim. Oder einem Eis. Oder einer Tüte Gummibärchen.

Sie erwiderte, hier gehe es um viel mehr als nur um eine Tüte Gummibärchen. Dann stapften die vier Mädchen zum ersten Klingelbrett, und tatsächlich, jemand drückte ihnen auf.

Wir Erwachsenen schoben uns langsam hinterher, gerade rechtzeitig, um zu hören, wie sie vor einer Tür im Erdgeschoss mit hellen Stimmen ihren Spruch skandierten. Danach Stille. Ich wollte mich gerade mit verbindlichen Worten nähern, da erschien eine gerührte ältere Dame im Türrahmen und verteilte Schokoladenstückchen und Gummibärchen. Strahlend rannten Luise und ihre Freundinnen zur nächsten Tür. Als wir das Haus verließen, war die Ausbeute so beträchtlich, dass die Kinder für jeden Erwachsenen freiwillig zwei Gummibärchen lockermachten.

Aber mit der Dunkelheit hatte sich das Szenario komplett verändert. Horden von Spukgelichter bevölkerten den Fußweg und belagerten die Hauseingänge; die dazugehörigen Erwachsenen lehnten an Vans am Straßenrand. Durch den Flur des nächsten Hauses tobten schon eine Rotte kleiner Vampire, eine Gruppe mittelgroßer Frankensteins und drei exaltierte jugendliche Teufelinnen. Kein Wunder, dass unseren Kindern niemand mehr öffnen wollte. Vor dem Haus daneben bedeutete uns ein Mann im Gorillakostüm in gebrochenem Deutsch, zu warten, bis wir an der Reihe seien.

»So hat das keinen Sinn«, rief Annas Mutter. »Wir müssen bei Leuten klingeln, die wir kennen!«

»Niemals!«, rief Annas Vater.

Ein paar Häuser weiter öffnete dann doch ein Ehepaar, mit dem Leonies Eltern weitläufig verwandt waren. Als sie unseren Kindern mit resigniertem Lächeln ein paar Kirschlollis entgegenstreckten, drängte sich von hinten ein etwa zwei Meter großes Skelett zwischen uns, griff die Lutscher und verschwand. Mia und Luise begannen zu schluchzen. Ich bat das Paar, die Übergabe noch einmal zu wiederholen. Die Frau schlug genervt die Tür zu. Nun weinten alle vier Kinder.

»Keine Sorge«, tröstete sie Leonies Vater, »wir helfen euch!«

Ich hämmerte bereits mit der Faust gegen die nächste Wohnungstür.

Tatsächlich beeindruckte der Vers »Wir sind die Spukgespenster ...«, gerufen aus drei Vaterkehlen, den Mann, der empört die Tür aufriss, so sehr, dass er uns all seine Schokolade übergab. Und nachdem Mias Vater zu uns gestoßen war, vor dem Gesicht eine »Scream«-Maske, spendierte er noch ein paar Bier.

Nichts gegen Halloween.

Nachtruhe

Wir haben eine enge Verbindung zu unserer Tochter. Eine fast schon metaphysische Verbindung. Die sich darin äußert, dass sie immer dann zu uns ins Bett kommt, wenn es nun wirklich überhaupt nicht passt.

Nein, nicht, was Sie jetzt denken: Ich spreche von Situationen, in denen meine Liebste und ich jede Stunde Schlaf brauchen, die wir kriegen können. Letzte Nacht etwa. Ich hatte aus beruflichen Gründen schon die Nacht davor nur vier Stunden geschlafen, etwa die Hälfte des ärztlich empfohlenen Maßes. Hatte dann wieder bis gegen 23 Uhr gearbeitet. Und nur noch kurz das Allerwichtigste mit meiner Liebsten besprochen, die ihrerseits seit Tagen ein Schlafdefizit mit sich herumschleppte. Jedenfalls: Um halb eins lagen wir endlich im Bett.

Und im selben Moment, in dem mir mit einem seligen Lächeln die Augen zufielen, hörte ich unsere Tochter. Sie schrie.

Meine Liebste fuhr hoch.

Oh nein, dachte ich, und dachte an meinen Terminplan für die nächsten drei Tage, nur kein Fieber, bitte nur kein Fieber …

Um mich zu beruhigen und die Liebste dazu, murmelte ich verzweifelt, es sei sicher nur ein böser Traum – von uns oder von Luise. Ich hatte recht. Kaum hatte ich zu Ende gemurmelt, stand unsere Tochter vor unserem Bett, das Gesicht tränenüberströmt: »Ich habe vom bösen Wolf geträumt!«

Erleichtert lächelnd betteten wir Luise zwischen uns, kuschelten sie, erzählten ihr, wie harmlos Wölfe waren. Gegen halb zwei trug meine Liebste unser selig schlafendes Kind mit letzter Kraft zurück in ihr Bettchen.

Bis zum Weckerläuten blieben noch gut fünf Stunden, immerhin eine mehr als in der Nacht davor.

Nach einer Minute rüttelten mich kleine Hände. Luise war noch aufgelöster als vorhin, diesmal hatte sie von Feuer geträumt. Das ließ sich nicht so einfach wegdiskutieren, schon gar nicht in unserem Zustand. Also blieb Luise zwischen uns liegen, den Kopf an der Brust der Liebsten, die Füße an meinem Bauch.

Für Fotografen und Werbetreibende mag genau dies das Bild einer glücklichen Familie sein. Aber ich kann nicht einschlafen, wenn mir jemand die Füße in den Bauch stemmt.

Ich rückte zur Seite. Luise war mittlerweile eingeschlafen, aber das hielt ihre Füße nicht davon ab, mir zu folgen. Ich versuchte sanft, ihre Beine zurückzuschieben. Sie drückte dagegen, offenbar mit aller Kraft, und als ich meinerseits dagegendrückte, klang ihr Atmen so, als würde sie jeden Moment wieder aufwachen. Schnell zog ich mich noch weiter zurück. Und noch weiter. Ich probierte, ob es erträglicher war, wenn ich mich umdrehte und meine Tochter mir zur Abwechslung die Füße in die Nieren bohrte. War es nicht. Um kurz nach drei hatte Luise mich an den alleräußersten Rand des Bettes gedrängt. Um 3 Uhr 22 war ich so am Ende, dass ich trotzdem einschlief.

Als ich auf dem Holzfußboden aufschlug, versuchte ich, dies möglichst leise zu tun.

Auf der anderen Seite des Bettes knipste meine Liebste leise fluchend die Taschenlampe an. Unsere Tochter lag mit gestreckten Armen und Beinen quer in unserem Bett wie ein fleischgewordener Sperrriegel. Ich versuchte sie anzuheben, aber sie quiekte im Schlaf auf und schlug um sich. »Lass sie, lass sie um Gottes willen!«, zischte meine Liebste.

Wir haben eine Gästecouch, die zwar schmal ist, aber mehr Platz bietet als Luises Kinderbett. Unsere Kraft reichte kaum noch, um sie aufzuklappen. Wenigstens schliefen wir sofort ein.

Oder wären es, wenn mir nicht plötzlich die Frage durch den Kopf geschossen wäre, ob wir nicht zwei angewärmte Kissen oder andere Körperdoubles hätten zurücklassen müssen, um zu verhindern, dass Luise unsere Abwesenheit bemerkte, aufwachte und uns folgte. Die Liebste hatte offensichtlich den gleichen Einfall, denn sie fuhr aufstöhnend hoch.

Nein, es war schlimmer: Unsere Tochter hatte einen Einfall. »Mama, Papa!!!«, schrie sie panisch.

Ich bin ein Mann, der alles für seine Familie tut,

aber ich muss noch vor dem letzten Ausrufezeichen wieder eingeschlafen sein. Ich erwachte erst, als meine Liebste sich wütend neben mich fallen ließ und sagte, unsere Tochter habe erst dringend gemusst und dann eine Viertelstunde auf der Toilette verbracht, weil sie ständig dort eingenickt sei. Jetzt liege sie nach zwei Gutenachtliedern wieder quer in unserem Bett und schlafe endlich wieder.

Aber, verdammt, es sei weit nach vier, in gut zwei Stunden sei diese grauenhafte Nacht vorbei und sie habe morgen früh gleich drei wichtige Besprechungen, in denen sie voll da sein und wach aussehen müsse. Ich durfte gar nicht daran denken, dass es mir ähnlich ging.

Aber ich dachte daran. Voll stummer Verzweiflung starrten wir beide in die Dunkelheit, die immer heller wurde.

Im Büro ließ ich mir am Automaten drei Kaffee schwarz heraus, immer noch gesünder als eine Pille Ritalin. Jemand schlug mir auf die Schulter. »Hey, gestern gefeiert?«, fragte mein kinderloser Kollege Niko. »Klar, war super«, sagte ich.

Die richtige Schule

Neulich bekam ich den Anruf einer Unbekannten mit rauchiger Stimme.

»Hi«, sagte sie, »ich bin die Mutter von Lisa-Marie. Wir kennen uns vom Würstchenfest im Kindergarten. Du erinnerst dich?«

Ich erinnerte mich nicht.

»Kein Problem«, sagte sie. »Ich wollte nur fragen: Kann ich zu euch ziehen?«

Ich hörte mich schweigen. Dann hörte ich mich stottern, sie müsse mich verwechseln.

»Nein, alles cool. Ich meine: Kann ich mich bei euch anmelden? Mit Lisa-Marie natürlich.«

Ich sagte, das sei nicht einfach, wir hätten kein Gästezimmer. Und ob es nicht gut sei, wenn wir uns erst mal kennenlernten?

Geräuschvoll stieß sie die Luft aus. »Doch nicht wirklich! Nur fürs Schulamt! Damit Lisa-Marie auf die Helene-Wünsche-Schule kann und nicht auf die Isidor-Never!«

Als ich Luise aus dem Kindergarten abholte, erzählte ich den anderen Eltern lachend von dem Anruf. Niemand lachte mit.

»Ich kenne diese Zicke nicht«, knirschte Annas Mutter. »Aber sie hat recht!«

»Ja?«, fragte ich.

»Natürlich«, sagte Mias Mama. »Du weißt doch: Je nachdem, wo du wohnst, wird dein Kind der nächstbesten Schule zugewiesen. Und wenn die schlecht ist, hat es Pech. Vielleicht fürs ganze Leben. Also muss man etwas tun. Rechtzeitig. Umziehen zum Beispiel. Oder so tun, als ob.«

Leonies Vater knuffte mich. »Tu nicht so naiv«, grinste er. »Ihr habt euch doch schon vor Jahren eure Wohnung gleich um die Ecke von der Helene Wünsche gesichert. Die Makler verlangen da einen Aufpreis, richtig?«

Ich sagte, als wir dort eingezogen seien, sei Luise noch nicht geboren gewesen, weshalb wir uns kein bisschen für Schulen interessiert hätten. Außer, dass wir überlegt hätten, ob es vielleicht etwas laut werden könne. Die anderen lachten. Sie glaubten mir nicht.

Als ich mit Luise auf dem Heimweg war, kam Annas Mutter uns mit dem Fahrrad hinterhergerast. »Hast du dieser Frau eigentlich zugesagt?«

»Natürlich nicht«, sagte ich.

»Sie wird wieder anrufen«, sagte Annas Mutter. »Trefft keine vorschnellen Entscheidungen. Es gibt Eltern, die sind bereit, für eine gute Scheinadresse viel Geld hinzulegen.«

»Im Ernst?«, fragte ich.

»Behalte es für dich, aber wir wohnen hart der

Grenze zur Helene Wünsche. Und wenn es in der Behörde nach diesem dicken, dreckigen Kinderfeind geht, wohnen wir sogar zehn Meter zu weit nördlich. Wir haben unsere Nachbarn schon gefragt, ob wir ihre Wohnung kaufen können, die nach Süden geht. Aber die treiben den Preis immer weiter hoch.«

»Hör mal«, sagte ich. »Anna ist gerade mal vier! Ihr habt noch mindestens zwei Jahre, bis sie in die Schule kommt!«

Annas Mutter sagte, man könne nicht früh genug anfangen, denn niemand wolle auf die Isidor-Never-Schule, und das werde sich in den nächsten Jahren auch nicht ändern.

»Wenn diese Schule so schlimm ist«, sagte ich, »müsste sich nicht jemand darum kümmern? Ein Politiker?«

Annas Mutter bekam einen hysterischen Lachanfall und rief etwas von »Drittklasse-Polit-Typen« und »Ganztagsschul-Vollpfostenversagern«. Mittendrin fiel ihr ein, dass sie im Kindergarten etwas Wichtiges vergessen hatte, nämlich ihre Tochter. Sie raste zurück und rief noch, wir sollten uns das mit dem Geld überlegen.

Meine Liebste empfing mich mit seltsamem Blick. »Eine Frau hat angerufen. Sie will nächste Woche bei uns einziehen und mit dir nur noch über ein paar Kleinigkeiten sprechen.«

Ich erzählte, im Moment seien alle Eltern dabei, wegen der richtigen Grundschule für ihr Kind verrückt zu werden. Das Telefon klingelte. Es war Annas Mutter, die nur wissen wollte, ob Annas grüner Kuscheligel zufälligerweise bei uns sei. Und wie viel die verdammte Kuh geboten habe.

Meine Liebste lächelte. »Weißt du, dass sich Lillys Mutter wegen genau so einer Schulsache von ihrem Mann getrennt hat?«

Ich grinste. »Das machen ja offenbar ziemlich viele so. Trennen sich angeblich, rechtzeitig vor der Schulanmeldung, melden sich bei Freunden an, die in der Nähe der Wunschschule leben. Und dann, wenn das Kind eingeschult ist, folgt die große Versöhnung …«

»Nein, sie haben sich wirklich getrennt! Sie wollte sich und ihre drei Kinder zum Schein bei ihrer Mutter anmelden. Und er war dagegen.«

»Aber die Mutter wohnt doch in einem Ein-Zimmer-Apartment im Altersheim!«

»Und wenn schon. Die Mutter von Kolja hat sich unter der Adresse ihres Friseurs angemeldet, mit dem sie damals aber wirklich was hatte. Die Sache flog trotzdem auf, weil bei ihm angeblich noch drei andere Mütter lebten.«

Das Telefon klingelte wieder. »Dreitausend?«, fragte die rauchige Stimme.

Annas Mutter rief sofort danach an. »Wie viel es auch ist, wir bieten mehr«, sagte sie. »Übrigens: Es gibt in unserem Kindergarten keine Lisa-Marie. Das heißt, entweder geht ihr Blag in einen anderen Kindergarten. Oder dieses Weib sichert sich Scheinadressen und vertickt die an Bedürftige weiter. Wenn das so ist, sollte sie mir nie über den Weg laufen …«

Es gibt einen Krimi, der davon handelt, wie Eltern im Kampf um die richtige Schule vor nichts zurückschrecken, nicht mal vor Mord. Angeblich nur eine Satire.

Ich bin mammrig

Ganz ohne Frage: Ich liebe meine Tochter Luise. Ganz ohne Frage: Sie mich auch. Dumm nur, dass sie sich das auf einmal nicht mehr anmerken ließ. Von einem Tag auf den anderen. »Mama soll das machen!«, rief Luise, wenn ich mit ihr ins Bad zum Zähneputzen gehen wollte, ihr die Haare waschen, sie morgens aus dem Bettchen holen oder abends ins Bettchen verfrachten wollte. »Mama macht das! Lass mich, Papa! Lass mich!« »Was ist los?«, fragte ich. »Tut dir etwas weh?« »Papa!«, Luise verdrehte die Augen. »Ich bin mammrig!« »Mammrig?«, fragte ich. «Mammrig!«, sagt Luise. »Und wann bist du wieder – papprig?«, fragte ich. »Nach übermorgen!«, sagte Luise.

Am nächsten Tag sagte sie dasselbe, am übernächsten auch. Meine Liebste stöhnte auf: »Warum, Luise? Was hast du mit Papa?« »Ich bin mammrig«, sagte Luise. »Ich möchte Papa gar nicht mehr!« Und sie blieb dabei. Sosehr ich bat, schimpfte, drohte.

Und wenn ich sie einfach ins Bad tragen oder aus dem Bett heben wollte, kreischte sie wie im Horrorfilm.

Irgendwann fängt man da selbst als Mann an, sich Gedanken zu machen, was geschehen war. Nämlich nichts. Es hatte keinen Zwischenfall beim Zähneputzen gegeben, keine Probleme beim Kämmen, beim Kuscheln erst recht nicht. »So was habe ich mit meiner Tochter noch nie erlebt«, sagte der Vater von Luises Kindergartenfreundin Mia ungläubig. »Sie will immer nur mit mir die Zähne putzen. Und immer nur ich soll ihr den Po abwischen. Aber wir haben halt ein harmonisches Vater-Kind-Verhältnis ...«

Ich googelte »Kind lehnt Vater ab«. Gleich im ersten Baby- und Kleinkindforum schilderte eine Mutter namens Anja einen ähnlichen Fall: Ohne jeden Grund wollte ihre Tochter auf einmal vom Vater nichts mehr wissen. Anja war ratlos. Eine Forumsteilnehmerin vermutete einen Virus. Eine andere schrieb, die clevere Kleine habe früh erkannt, dass die Väter von heute nichts als Schaumschläger seien, die in Wahrheit alle Arbeit den Müttern überließen. Irgendwann fiel Mutter Anja dann ein, dass ihr Mann, statt der Kleinen wie früher immer eine Gute-Nacht-Geschichte vorzulesen, in letzter Zeit häufig spät aus dem Büro kam. Angeblich, weil sein neuer kinder- und gnadenloser Chef das verlangte – wie lächerlich! Und wenn sie sich das recht überlege, wolle sie mit so einem verantwortungslosen, karrierefixierten Typen gar nicht mehr zusammen sein.

Glücklicherweise war mein Gute-Nacht-Geschichten-Verhalten in letzter Zeit in etwa gleich geblieben: Immer wieder schaffte ich es gerade noch rechtzeitig nach Hause, bevor Luise ins Bett musste. Manchmal aber auch nicht. Im Gegenzug wurde meine Liebste beim Abendessen und an freien Tagen von Kollegen angerufen, und wenn sie bei der kranken Luise daheim blieb, musste sie vom Home-Office aus arbeiten. Kurz: Der Ist-Zustand verhielt sich zum Idealzustand so, dass unsere Tochter, wenn schon, uns beide hätte ablehnen müssen.

An diesem Abend erwischte ich meine Liebste, wie sie nach dem Essen mit Luise flüsterte. »Nein!«, rief Luise. »Ich will kein Gummibärchen!« »Zwei!«, bot meine Liebste. »Drei!« Luises Gesicht wurde nachdenklich. »Wofür sind die Gummibärchen?«, fragte ich, einer Ahnung folgend. »Dafür, dass ich mit Papa die Zähne putze«, grinste Luise. Ich bat meine Liebste auf Englisch, sofort damit aufzuhören, mich in unwürdigster Weise zu verhökern, ich sei schon verletzt genug. Meine Liebste erwiderte, sie habe es doch nur gut gemeint.

»Sieh es doch mal andersherum«, sagte Mias Vater. »Sei doch froh! Mal ehrlich: Dieses Theater mit dem Zähneputzen und Kämmen jeden Morgen und jeden Abend ist doch nervig, oder?«

Zum Glück gibt es im Internet Kinderpsychologinnen. Es handle sich um das *Parental Alienation Syndrom (PAS)*, schrieb eine Expertin, das Kind lehne mit mir letztlich einen Teil von sich selbst ab. Aber das sei vielleicht behandelbar, und seit wann denn meine Frau und ich getrennt seien. Ich antwortete, und um weitere Missverständnisse zu vermeiden, rief ich sie dazu an, dass meine Frau und ich gar nicht getrennt seien. Sie machte eine enttäuschte Pause. Dann fragte sie betont harmlos, wann ich zuletzt mit Luise gekuschelt habe und ob ich dabei nackt gewesen sei.

Ich gab das Telefon meiner Liebsten, die die Expertin fragte, ob sie noch alle habe.

»Immer noch?«, fragte Mias Vater am nächsten Abend im Kindergarten. Seine Stimme klang so anders. Sie klang – neidisch. »Ich gäbe so viel drum, wenn ich nur einen einzigen Morgen, einen einzigen Abend Mia mal nicht die Zähne putzen müsste. Wie oft habe ich meiner Frau gesagt: Bitte lass mich ein einziges Mal auf dem Sofa sitzen, nur ein einziges Mal! Wie oft habe ich meiner Tochter gesagt, dass ich heute nicht will. Dass Mama das viel besser kann als ich. Aber als ob sie mich ärgern wollte: Wenn sie sich überhaupt die Zähne putzen lässt – dann immer nur von mir!«

Nach dem Essen ließ ich mich aufs Sofa fallen und griff nach einem Buch. »Weißt du, Luise«, warf ich meiner Tochter hin, »ich will dir gar nicht die Zähne putzen. Nie wieder. Deine Zähne sind mir egal. Die können ruhig schlecht werden. Ich will dich auch nicht ins Bett bringen. Ich bleibe einfach hier sitzen und lese. Heute Abend, morgen Abend und immer!« »Nein!«, rief Luise. »Nein! Papa, komm, Zähne putzen!«

Helden tragen keine Windeln

Eine Frage: Was tun Sie so für Ihr Kind?

Ich beispielsweise stand am Donnerstag um halb fünf Uhr auf. Warf einen letzten, liebevollen Blick auf meine schlafende Familie. Duschte kalt. Zog lange Unterhosen an, Wintersocken, Regenhose, Regenjacke. Packte den Rucksack mit Brot, Wasser, Tee, Taschenlampe und iPad. Klemmte einen Klappstuhl vom Balkon unter den Arm. Und ging hinaus in den unbarmherzigen Regen. Bis zum Sportverein.

Im Kindergarten unserer Tochter wird auch Sport gemacht. Zumindest ein bisschen, man kennt die Lage in den Kindergärten und die sportlichen Fähigkeiten der Erzieherinnen. Aber Luise ist sehr sportlich. Sie turnt und springt gerne. Ständig. Neulich beim Schlafengehen hopste sie »Jippiiie!!!«-rufend vom Bett auf den Nachttisch und machte meine Ersatzbrille platt.

Im Sportverein bei uns im Viertel gibt es da etwas Tolles: eine Kindersportschule, in der Jungs und

Mädchen alle möglichen Sportarten ausprobieren können. Egal welche Eltern wir fragten, alle bekamen leuchtende Augen: »Das ist super! Moritz/Mia/Leonie macht nichts lieber als das! Meldet Luise dort an, unbedingt! Vielleicht schafft ihr es …«

Ohne auf den Nachsatz zu achten, meldete ich Luise letztes Jahr im Sommer per Mail dort an, bekam Bescheid, ich stünde auf der Warteliste, und weiter passierte nichts. Im Winter fragte ich den Vater von Luises Freundin Leonie, ob das normal sei. Er kicherte. »Weißt du, wie viele Eltern ihre Kinder dort anmelden wollen? Und wie wenige Plätze es gibt? Auf der Warteliste stehen Hunderte!«

Ich schluckte. »Aber wie«, fragte ich, »wie habt ihr Leonie …?«

Er senkte schwärmerisch die Stimme. »Es gibt einen Tag. Einen einzigen Tag im Jahr, an dem alle Wartelisten ihre Gültigkeit verlieren. An dem man wirklich die Chance hat, sein Kind anzumelden – man muss nur früh aufstehen. Und ich meine früh. Denn alle wollen da hin.«

»Was heißt früh?«, fragte ich.

»Also, ich habe damals am Abend davor ein Konzert gegeben und bin dann gleich hingegangen. Zum Glück war die Temperatur in der Nacht nicht unter Null.« Er sah nicht aus, als ob er scherzte.

Der Vater von Moritz behauptete zwar, es sei alles halb so wild. Aber dann fiel ihm ein, dass er das mit der Anmeldung an der Instrumentenschule verwechselte, die sich zwei Jahre hinzog und wöchentliches Erscheinen beim Musikdirektor erforderte. »Das war noch im Rahmen. Wir mussten den Idio-

ten nicht mal zum Essen einladen. Aber die Kindersportschule … Ich wünsche dir Glück!«

Meine Liebste empfing mich mit der Nachricht,
der Tag der Einschreibung stehe unmittelbar bevor.
Und für Luises Altersklasse gebe es einen Kurs. Nur
einen!

Heute weiß man, wie wichtig Sport ist, auch für
das Denkvermögen, den Lernerfolg, die Karriere.
Was also kann man Besseres für die Zukunft seines
Kindes tun?»Ich sorge dafür, dass Luise in diesen
Kurs kommt«, schwor ich, »egal, wen ich aus dem
Weg räumen muss.« Meine Liebste meinte, ob wir
nicht versuchen sollten, wenigstens für die ersten
Stunden des Wartens eine von Luises Babysitterin-
nen zu gewinnen.

»Was, wenn sie einschläft?«, fragte ich. »Oder
abgedrängt wird? Ich weiß, wozu Väter in der Lage
sind.«

Ich begann, meine Muskeln mit Liegestützen zu
stählen, und rief beim Verein an, um zu fragen, wie
viele Plätze es in dem Kurs eigentlich gebe. »Zwei-
undzwanzig«, sagte die freundliche Frau am Telefon. »Die meisten sind natürlich schon besetzt. Von
den Kindern, die letztes Jahr angefangen haben.«

»Oh, natürlich«, sagte ich alarmiert. »Und wie
viele Plätze sind wirklich noch frei?«

»Es sollen fünf, nein, etwa noch sieben sein«,
sagte sie. »Aber ohne Garantie. Nicht, dass Sie sich
darauf berufen!«

»Ich will mich aber darauf berufen«, sagte ich.
»Ich möchte einen Platz für meine Tochter. Ich
bin bereit, mich zu einer unmöglichen Zeit viele
Stunden dafür anzustellen. Aber ich will mich nicht

anstellen, wenn es überhaupt keine freien Plätze mehr gibt. Verstehen Sie?«

Die Frau sagte, sie verstehe meinen Ton nicht.

Ich legte auf und ließ mir einen Bart wachsen, um gefährlicher auszusehen.

Der Wetterbericht für den Tag war schlecht. Meine Liebste wollte wissen, ob ich eigentlich schon überlegt hätte, mich abends zuvor einfach im Vereinsgebäude einschließen zu lassen. Das hatte ich noch nicht, aber mir fiel auf Anhieb eine Reihe von Horrorfilmen ein, die ähnlich begannen.

Am Abend vor dem Tag der Einschreibung inspizierte ich den Eingang des Vereinsgebäudes. In Anbetracht dessen, dass es in Strömen regnete, war das Vordach lächerlich klein. Ich kam mit meiner Liebsten überein, dass ich kurz nach Sonnenaufgang aufbrechen würde, mit kaum etwas im Magen, und auch vor Ort nur das Nötigste trinken würde, um meinen Platz nicht zu gefährden, denn wir hatten kein Reiseurinal im Haus. Meine Liebste fragte, ob ich eine Windel tragen wolle, das machten Ärzte bei wichtigen OPs auch. Ich sagte, Helden trügen keine Windeln.

Um es kurz zu machen: Ich kam um 5.32 Uhr als Dritter an. Um 7.30 Uhr waren wir etwa 45. Um 8.32 Uhr ließ ich Luise auf einen der freien Plätze setzen. Das Vereinsgebäude war geöffnet, sodass ich nicht im Regen warten musste, innen gab es eine lange Bank, sodass ich den Klappstuhl nicht benötigte, und außer mir waren fast nur Frauen da: von Gedrängel keine Spur.

Aber das muss ich den anderen Vätern ja nicht erzählen.

Kommt Oma auf den Kompost, wenn sie tot ist?

Als ich Luise vom Kindergarten abholte, herrschte dort helle Aufregung: Im Garten auf dem Kompost hatten die Kinder zwei tote Kaninchen entdeckt. Martha, die Erzieherin, entzündete eine Kerze, hielt eine improvisierte Trauerrede, und der Hausmeister vergrub die Leichen feierlich hinter dem Komposthaufen. Auf ein Kaninchengrab kam ein Kreuz und auf das andere ein Stein, »das war muslimisch und darf kein Kreuz«, erklärte unsere Tochter.

Uns Eltern beschäftigte vor allem die Frage, woran die Kaninchen gestorben waren. Ein Raubtier schied aus, zeitgleiche Altersschwäche war unwahrscheinlich, gemeinschaftlicher Selbstmord erst recht.

»Wahrscheinlich Rattengift«, mutmaßte die Liebste, als sie mit Leonies Mutter telefonierte.

Unsere Tochter musste das mitbekommen haben. In den nächsten Stunden sprach sie immer wieder über Ratten. »Ratten sind blöd!«, sagte sie. »Ratten sind fies und gemein. Wenn ich mal eine Ratte treffe, dann kriegt sie Kinderkloppe!«

»Mein Schatz«, fragte ich irritiert, »was hast du mit den Ratten? Das sind auch Tiere – wie Kaninchen.«

»Gar nicht!«, empörte sie sich. »Die haben mit ihrem Gift die Kaninchen totgemacht!«

Ich konnte das Missverständnis aufklären, ohne loszuprusten.

Luise ist allerdings ein Kind, das kombinieren kann.

»Ist das ein Tier?«, fragte sie, als es zwei Tage später Schnitzel gab. Eins ihrer Lieblingsessen.

»Ja«, sagte ich nach einer kurzen Gedankenpause, »das ist ein Stück Fleisch von einem Tier.«

»Von einem echten Tier?«, fragte sie. »Einem ganz echten?«

Wir nickten.

»Ist das jetzt tot?«, fragte Luise weiter.

Wir bestätigten das.

»Ist das ein Kaninchen?«, fragte Luise

»Nein«, sagte meine Liebste, »es ist Kalb.«

»Ein Kälbchen?«, fragte Luise mit großen Augen. Da sie mich ansah, war es an mir, zu erklären, wie das mit dem Mensch und den Nutztieren war und dass Bussarde oder Löwen ja auch Fleisch äßen. Meine Liebste, sie ist bei so etwas immer sehr korrekt, fügte hinzu, dass es aber auch Menschen gebe, die der Tiere wegen ganz auf Fleisch verzichteten.

Luise legte die Gabel hin und dachte nach. Würde sich hier und jetzt entscheiden, ob unsere Tochter zur Vegetarierin wurde? Gar zur Veganerin?

Aber sie überlegte etwas anderes.

»Sind die Kaninchen jetzt im Himmel?«, fragte sie.

Das mit dem Himmel hatten wir schon mal. »Im Tierhimmel«, erwiderte meine Liebste sicherheitshalber.

Luise zeigte auf ihr Schnitzel.

»Und das Tier ...«

»... das Kalb ...«

»... das Kalb. Kommt das in den Himmel, wenn wir es gegessen haben?«

Die Liebste zögerte.

»Oder war es schon im Himmel und ist zum Essen zurückgekommen?«

Nein, das mit dem Tierhimmel war doch keine gute Idee gewesen.

Die Liebste stieß mich unter dem Tisch mit dem Fuß an. Ich schaufelte mir hastig ein paar Kartoffeln in den Mund, um länger nachdenken zu können, auf Fleisch hatte ich gerade keine Lust.

»Luise, du weißt doch, dass wir neulich in der Kirche waren«, sagte ich dann. »Es gibt nicht nur den Körper und das Fleisch, wie hier auf dem Teller. Es gibt vielleicht noch etwas ...«

»Weiß ich«, sagte Luise wichtig; Erzieherin Martha hatte offenbar schon etwas erzählt. »Da, in der Pfanne ist noch was!« Martha hatte offenbar doch nichts erzählt.

»Das meinen wir nicht«, sagte die Liebste. »Weißt du, beim Menschen ist es so: Es gibt den Körper, den kann man anfassen. Und die Seele, das ist alles, was man denkt, fühlt, tief in sich drin: Das kann man nicht anfassen. Und wenn ein Mensch stirbt, wie die Kaninchen im Kindergarten gestorben sind, dann wird der Körper begraben. Die Seele aber lebt weiter.«

»Im Himmel«, sagte Luise und nickte.

Wir nickten.

Luise beugte sich vor. »Kommt Oma auf den Kompost, wenn sie tot ist?«

Vorsicht, Astrid Lindgren!

Vielleicht ließ ich schon durchblicken, dass die Umgangsformen meiner Tochter nicht immer die besten sind. Jetzt weiß ich auch, an wem es liegt: an Astrid Lindgren.

Die schrieb unter anderem ein Buch über ein vierjähriges Mädchen namens Lotta. Na gut, das Kind ist eigensinnig, und mit dem Vater muss man Mitleid haben, denn er läuft mit der Aktentasche in der Hand herum und kann weder Ostereier noch Weihnachtsbäume auftreiben. Aber die Geschichte spielt in den Fünfzigerjahren in einem idyllischen kleinen Örtchen mit netten Menschen, bunten Holzhäusern und kaum Autos. Und den Film zum Buch gibt es auch auf DVD, in Episoden von kindgerechter Länge.

Etwas, womit man die Tochter, die unbedingt auch mal Fernsehen gucken will, ruhig ein paar Minuten alleine lassen kann.

Dachten wir.

Als die Fernsehzeit vorbei war, empfing uns Luise mit den Worten:»Ich will sofort weitergucken, zum Teufel!«

Erst versuchten wir, das zu überhören. Dann fragten wir, ob sie wisse, was »zum Teufel« bedeute. Ich sagte, ich fände solche Ausdrücke nicht so gut.

»Oberdoofer Papa!«, schrie Luise. »Zum Teufel!« Sie stapfte mit gerunzelter Stirn in ihr Zimmer, knallte die Tür zu und legte eine Prinzessin-Lillifee-CD ein.

»War es ein Fehler, dass sie die DVD alleine sehen durfte?«, fragte ich.

Die Liebste erwiderte, die *Lotta*-Verfilmung gehe in Kritiken als das Harmloseste seit Erfindung der Teletubbies durch.

»Na und?«, sagte ich. »Wissen wir denn, wie allein schon diese Teletubbies herumfluchen? ...«

Beim nächsten Mal also guckten wir mit *Lotta* mit. Die Kameraeinstellungen waren so lang, dass ich nachsah, ob unser DVD-Recorder klemmte. Aber schließlich sprach Lotta, dieses scheinbar süße Mädchen. Was heißt sprach. Sie schrie.

»Zum Teufel«, schrie sie. »Oberdoofe Mama!« Dann trotzte sie mit gerunzelter Stirn in ihrem Zimmer herum. Hätte es die damals schon gegeben, sie hätte eine Lillifee-CD gehört, hundertprozentig. So aber beschloss sie, noch mehr Ärger zu machen und zur Nachbarin zu ziehen, und die oberdoofe Mama konnte das nur deshalb so gelassen nehmen, weil sie nicht pünktlich ins Büro musste, sondern bloß zum Einkaufen.

Nichts gegen Astrid Lindgren, die sich immer

für selbstbewusste und eigenständige Kinder stark-machte. Auch nichts gegen ihre Bücher. Aber manch-mal schien sich ihr Werk in Filmform eher negativ auszuwirken. »Wir sollten sie das erst wieder gu-cken lassen, wenn sie die pädagogische Moral der Geschichte versteht«, sagte ich. »Astrid Lindgren wollte Kinder ja schließlich nicht gegen ihre Eltern aufhetzen – oder doch?«

Die Liebste schwieg. »Lass uns noch etwas war-ten«, sagte sie dann. »Soweit ich mich erinnere, kehrt Lotta am Ende reumütig nach Hause zurück und versöhnt sich mit den Eltern.«

Doch Lottas Läuterung währte nur kurz. Schon in der nächsten Episode schrie sie wieder herum, diesmal zoffte sie sich mit ihren armen Geschwis-tern.

Ich wollte mit Luise über Lottas Verhalten reden. Sie ahnte etwas und hielt sich die Ohren zu.

Ich beschloss, während der nächsten *Lotta*-Folge mit ihr das Verhalten dieser schwedischen Göre kritisch einzuordnen. Luise wollte alleine gucken. Ich versuchte, unter einem Vorwand dabei zu sein. Luise schrie, ich blöder Papa sei nicht so müde, dass ich ausgerechnet jetzt auf dem Sofa herumliegen müsse. Im Übrigen wolle sie zur Strafe gleich noch eine Folge gucken.

Ich sagte ihr, so gehe das nicht.

Luise schrie: »Blablablablaha!« Ich schickte sie in ihr Zimmer. Beim Gehen zitierte sie Lotta.

Ich erkundigte mich bei den Nachbarn, ob Luise schon den Wunsch geäußert hatte, zu ihnen zu zie-hen. Glücklicherweise nicht.

»Wartet ab, bis sie richtiges Fernsehen guckt«,

sagte Mias Mutter, die wir vor dem Kindergarten trafen. »Im Kindergarten geht es jetzt auch schon mit den Sch.- und F.-Wörtern los. Und in der Schule erst ... Glückliche Russen! Die haben im Fernsehen alle Schimpfwörter und alles andere, was die kindliche Entwicklung stören könnte, per Gesetz verboten.«

»Macht ihr das zu Hause auch?«, fragte ich. Mias Mutter steckte sehr viel Zeit und Energie in die Erziehung ihrer Tochter.

»Nicht ganz. Wir haben gute Erfahrungen damit gemacht, die schrecklichsten Wörter zu verbrennen. Immer wenn Mia mit etwas heimkommt, das gar nicht geht, reden wir darüber, schreiben es auf einen Zettel, orthografisch korrekt natürlich, verbrennen den Zettel feierlich, und damit ist das Wort tabu.«

»Gute Idee«, sagte die Liebste. »Und wie oft tut ihr das?«

»Jeden Abend bis zu drei Mal«, seufzte Mias Mutter.

Vor der nächsten *Lotta*-Episode redeten wir sehr ernsthaft mit unserer Tochter. Sie schwor Stein und Bein, sie würde danach brav wie ein Lämmchen sein.

Danach war es wie immer. Nein schlimmer.

Ich eröffnete unserer Tochter, dass Lotta nun so lange DVD-Geschichte sei, bis sie freundlicher mit uns umgehe.

Luise heulte, schrie und tobte. Irgendwann reichte es mir.

»Schluss!«, schrie ich. »Schluss, verdammt und verdammt noch mal!«

Luise schwieg augenblicklich und starrte mich an.

»Papa«, sagte sie empört. »Du darfst so was nicht sagen, das ist blöde und dumm!«

Kann das Kannkind
auch Schulkind?

Wäre Luise ein paar Wochen früher oder später geboren, wäre es einfach. Wir könnten uns der Schulbehörde beugen, die bestimmt, dass unsere Tochter nächstes Jahr eingeschult wird. Oder übernächstes. Oder wir könnten darauf pochen, sie sei hochbegabt, und bis zu ihrem siebten Geburtstag dafür kämpfen, dass sie schon mit fünf in die Schule darf.

Leider ist es komplizierter: Unsere Tochter ist ein Kann-Kind. Eines, das entweder nächstes Jahr in die Schule kann. Oder übernächstes.

Anfangs war für uns keine Frage, dass es nächstes Jahr sein würde. »Sie kann schon fast alleine lesen«, fasste ich zusammen. »Sie kann besser rechnen als ich in der zweiten Klasse. Sie kann zwar noch nicht freihändig Geige spielen. Aber trotzdem müsste sie längst in der Schule sein, oder?«

Meine Liebste sagte, sie habe sowieso den Eindruck, Luise beginne sich im Kindergarten zu langweilen. Genau wie ihre Freundin Mia, die zweifellos auch schon früher eingeschult würde. Also sprach ich Mias Vater vor dem Kindergarten an, dass es doch schön wäre, wenn unsere Töchter zusammen auf dieselbe Schule kämen.

»Mensch, toll!«, sagte er erleichtert. »Ihr wollt mit Luise auch noch warten?«

»Warten???«

»Es war für uns keine leichte Entscheidung; Mia ist schon weit für ihr Alter. Aber sie muss noch ein paar Sachen lernen. Sich zu konzentrieren. Oder Enttäuschungen auszuhalten. Nicht immer gleich rumzuheulen und zu schreien …«

Ich dachte daran, wie Luise jüngst beim »Mensch ärgere dich nicht« die Spielfiguren unters Sofa gepfeffert hatte. Zwar hatte ich vorher versucht, sie zu beschummeln, aber nur aus pädagogischen Gründen. Und was sie für ein Theater machte, wenn sie ins Bett sollte.

»Vielleicht wäre ein Jahr später wirklich gar nicht so schlecht«, sagte die Liebste später. »Es wäre auch für uns entspannter. Die Schule fängt eine Stunde früher an als der Kindergarten.«

Wir beschlossen also, unserer Tochter noch Zeit zu geben.

Dann trafen wir Leonies Mutter. Leonie ist schon in der Vorschule. »Etwas Besseres konnte ihr nicht passieren«, sagte die Mutter, »ich weiß noch, wie sie sich im Kindergarten gelangweilt hat. Alles am besten zu können ist auch nicht schön. Ihr kennt das ja von Luise. Ich werde nie vergessen, wie die Leonie beim Puzzeln in die Tasche gesteckt hat. Wieso ist SIE noch nicht in der Vorschule?«

Nach einem durchdiskutierten Abend beschlossen wir, Erzieherin Martha zurate zu ziehen.

»Alles top bei eurer Tochter!«, sagte die. »Ich konnte es nicht glauben: Gestern hat Luise den Kleineren aus einem Buch vorgelesen.«

Das war ziemlich eindeutig. Die Liebste und ich nickten uns zu.

» ... aber ich würde vielleicht noch das Elterngespräch mit der Schule abwarten«, fuhr Martha fort. »Es wäre gut, wenn sie beim Spielen auch andere mitbestimmen ließe und nicht immer nur führen wollte ...«

»Das ist also gar nicht positiv?«, fragte ich.

»Dass SIE das fragen, dachte ich mir«, sagte Martha.

»Trotz allem, sie ist Expertin«, beruhigte mich die Liebste zu Hause. »Und soziale Kompetenzen sind wichtig ...«

Sie musste aufhören zu sprechen, denn Luise kam ins Zimmer, in der Hand das Telefon.

»Eine Frau Julebusch für euch!«, sagte sie.

Frau Julebusch gehörte die Firma, bei der wir unser neues Bett bestellt hatten. Sie hatte noch eine Frage, zuerst aber war sie voll des Lobes über unsere Tochter: »Wie sie sich unterhalten kann – in welche Klasse geht sie?«

»Noch gar nicht!«, sagte die Liebste. »Wir überlegen gerade, sie ist ein Kann-Kind ...«

»Hören Sie auf zu überlegen: Ihr Kind gehört in die Schule, das merke ich sofort, und ich bin studierte Pädagogin und habe selbst drei Kinder: So viel soziale Kompetenz ...«

Der Blick meiner Liebsten hatte einen leichten

Anflug von Wahnsinn. Nach der Routineuntersuchung bei der Kinderärztin – Luise war sehr weit für ihr Alter, was das Hüpfen, Anziehen und Farben- und Formenerkennen anging, beim Puzzeln war sie hervorragend – sprachen wir das Thema Schule an. Im Zweifel sei es besser, wenn ein Kind beim Schuleintritt älter sei, sagte die Ärztin, »die Jüngsten kommen schlechter mit, können sich schwerer durchsetzen. Das holen sie nie wieder auf: Einmal Letzter, immer Letzter ...«

Mir fiel ein, dass ich ungewöhnlich früh in die Schule gekommen war und es bis heute nicht zum Nobelpreisträger oder Multimillionär gebracht hatte. Und stieß auf eine Untersuchung, die tatsächlich belegte: Schülerfrühchen litten oft noch im Beruf unter ihrer vorzeitigen Einschulung! Erst sprach ich mit meiner Mutter. Dann redeten die Liebste und ich über Luise. »Nein«, sagten wir feierlich. »Nein und nochmals nein! Wir werden das unserem Kind nicht antun.«

Leider ging ich ran, als das Telefon klingelte. Mias Mutter.

»Wir werden Mia jetzt doch früher einschulen. Sie wollte unbedingt, wegen eurer Luise ... Warum lachst du so?«

Am folgenden Abend setzten wir alles auf eine Karte und knobelten aus, wann Luise in die Schule kommen sollte. Es stand unentschieden.

Zum Glück lag dann die Einladung zum Schulgespräch im Briefkasten. Die Rektorin der Grundschule an der Ecke ließ unsere Tochter in einem Nebenraum malen, gleich große Häschen erkennen und puzzeln. Und kam ratlos zurück.

»Ein Kind, das solche Probleme mit dem Puzzeln hat, habe ich noch nie kennengelernt«, sagte sie.

»Wenn es in der Schule nur so blöde Baby-Puzzles gibt«, sagte Luise auf dem Heimweg, »bleibe ich lieber im Kindergarten.«

Gehen Sie in den Seuchenraum und stecken Sie sich an!

Als ich mit Luise ins Taxi stieg, war mir schlecht. Dann bekam ich noch einen Niesanfall. Und schließlich musste ich die Scheibe herunterlassen, um Luft zu bekommen.

»Was haben Sie?«, fragte der Taxifahrer beunruhigt.

»Nichts«, keuchte ich, »aber meine Tochter hat Punkte im Hals und Fieber ...«

»Sie fahren zur Kinderärztin?« Der Taxifahrer seufzte mitleidig. »Sie Armer! ...«

Nicht, dass wir uns falsch verstehen: Unsere Kinderärztin ist wunderbar. Sie kann etwas, sie kann gut mit Kindern, und sie verliert nicht die Nerven, wenn die Praxis überfüllt ist. Das ist wichtig, denn Kinderarztpraxen sind immer überfüllt, und kranke Kinder sind Keimschleudern erster Güte. Ich war in der schrecklichen Lage, trotzdem diesen Ort aufsuchen zu müssen. Denn ich benötigte ein Attest, dass meine Tochter tatsächlich krank war. Nach unserer

Rückkehr vom Kinderarzt würde sie es aller Wahrscheinlichkeit nach erst recht sein. Und ich dazu.

Aber ich bin Optimist. Ein Mann, der kämpft. Ich hatte eine hohe Dosis Vitamin C und eine Ibuprofen genommen, mein Desinfektionsspray für Zugreisen einstecken und Einmalhandschuhe dabei. Die ich vorerst nicht brauchte; die Tür der Praxis ließ sich auch mit dem Fuß aufdrücken.

Der Lärm war höllisch. Eine Frau, offenbar eine Mutter, schleppte ein brüllendes Kind, offenbar ihres, durch den Flur in Richtung Toilette, einen Plastikbecher zwischen den Zähnen. Ein Kleinkind im Schlafanzug krabbelte hustend aus der Tür des Wartezimmers auf ein zweites Kleinkind zu, das streuselartigen Ausschlag um den Mund hatte. Vor uns stand eine Mutter mit hoffnungslosem Blick, Kinderwagen und Kleinstkind; all drei schnieften so sehr, dass die Frau es offenbar für sinnlos hielt, Taschentücher zu verwenden.

Ich zog Luise in schnellen Schlangenlinien zur Anmeldung. Die Sprechstundenhilfe, sie trug unfassbarerweise keinen Mundschutz, erledigte mit einer Kollegin routiniert den Abstrich. Dann, ich hatte es befürchtet, reichte sie mir einen Plastikbecher und bat um Testurin von Luise.

Den Weg zur Toilette versperrte das Kind mit dem Ausschlag, beide Arme ausgebreitet wie ein hungriger Minivampir. Ich nahm meine Tochter auf den Arm, täuschte die rechte Flurseite an, und als der Kleine kichernd in unsere Richtung steuerte, wich ich mit zwei, drei Sprüngen auf die andere aus, erreichte die Toilettentür und wollte sie mit dem Ellenbogen öffnen.

Sie war verschlossen. Von innen ertönte Gebrüll. Luise kicherte und zeigte auf den kleinen Streusel, der uns mit teuflischem Lächeln folgte.

Bisher hatte ich noch immer die Hoffnung, morgen doch arbeiten zu können und nicht mit Pocken-Hand-Mund-Fuß oder akuter Pofäule daniederliegen zu müssen. Die schrumpfte nun rapide. Den Eltern des kleinen Teufels war es anscheinend völlig wurscht, ob ihr Spross die wenigen verbliebenen Gesunden hier ansteckte – oder waren sie nicht mehr in der Lage es zu verhindern?

Ich überlegte gerade, ob es lächerlich wirken könnte, um Hilfe zu rufen – ja! –, und ob es zu brutal wirken könnte, wenn ich versuchte, den Jungen mit ausgestrecktem Fuß auf Abstand zu halten.

Da sprang endlich die Toilettentür auf. Es war die Frau mit dem brüllenden Kind von vorhin. Sie hielt stolz den vollen Urinbecher in der Hand. Ihr Kind, weiterhin brüllend, stürzte an uns vorbei, dem streuseligen Teufelchen in die Arme. »Scheiße!«, schrie die Frau, riss ihr Kind zurück und schüttete sich den Inhalt des Bechers über den Schuh, »Scheiße!«, schrie sie wieder.

Ich witschte mit meiner Tochter in die Toilette. Nachdem ich WC, Waschbecken, Türgriff und unsere Hände desinfiziert hatte, war das Gewinnen der Urinprobe ein Kinderspiel.

»Bitte nehmen Sie noch im Wartezimmer Platz!«, sagte die Sprechstundenhilfe. Sie hätte auch sagen können: »Gehen Sie in den Seuchenraum und stecken Sie sich an!«

»Das ist nicht nötig«, sagte ich. »Wir können auch hier bei Ihnen ...«

»Es ist nötig«, sagte sie.

»Sie haben doch sicher eine Kaffeekasse«, begann ich. »Ich wäre bereit ...«

»Ins Wartezimmer«, unterbrach sie.

»Natürlich, gleich«, sagte ich, »nur noch eine Frage ...«

»Wartezimmer!«

Als wir das Wartezimmer betraten, wurde mir klar, dass draußen höchstens die Vorhölle gewesen war. Der Raum war voll wie eine U-Bahn zur Rush-hour, laut wie ein Irrenhaus und roch wie ein Hyä-nenkäfig. Auf den Stühlen an den Wänden saßen mit lethargischem Blick jene Elternteile, durchweg Müt-ter, deren Erkrankung sich offenbar am besten verschmerzen ließ. In der Zimmermitte lagen Bau-klötze, Autos, Malzeug und abwaschbare Puppen. Und drum herum drängten sich alle niesenden, fiebernden, nasetropfenden, fleckigen Kinder zwi-schen zwei und zehn, die noch in der Lage waren, zu gehen und zu stehen. Der streuselige Junge war auch dabei. Er leckte gerade ein paar Stifte ab.

Ich hielt die Luft an, aber trotzdem kribbelte es in meiner Nase.

Luise strampelte auf meinem Arm und wollte mit-spielen. Ich flüsterte ihr ins Ohr, das gehe nicht, wir beide würden sonst noch viel kränker, und das könne schrecklich enden.

Sie verzog das Gesicht und begann leise zu zetern.

Mein Hals wurde trocken. Die Aufregung? Das Luftanhalten? Die Infektion?

Um meine Tochter abzulenken, suchte ich in mei-ner Sakkotasche nach dem Hexenbuch, das ich ein-gesteckt hatte. Es war weg!

Mein verzweifelter Blick blieb an dem Regal mit Kinderbüchern in der Ecke hängen.

Als ich meine Einmalhandschuhe überstreifte und das erste Buch gründlich desinfizierte, räumte eine der Frauen freiwillig ihren Stuhl.

Ich nahm meine Tochter auf den Schoß und begann zu lesen.

Zwischen zwei Kapiteln hob ich den Kopf. Eine der Mütter sah mich an.

Sie lächelte.

Ihr Lächeln galt all den Kindern, die sich um uns drängten und zuhörten.

Und dann begann der kleine Streusel zu husten.

Sie ist doch ein Mädchen!

Wir haben einiges getan, um unsere Tochter nicht in Rollenklischees zu erziehen. Aber eines Tages merkten wir, dass wir gescheitert waren. Luise wollte nur noch mit Puppen spielen. Fußball machte ihr nur noch in rein weiblichen Mannschaften Spaß. Als ich aus »Wickie und die starken Männer« vorlas, behauptete sie steif und fest, Wickie sei ein Mädchen, »denn Jungs haben keine guten Ideen«.

Und dann brachte ich sie einmal so früh in den Kindergarten, dass noch keine ihrer Freundinnen da war. Dafür spielten drei nette kleine Jungen mit großen Schaumwürfeln Schiffsreise.

»Warum spielst du nicht einfach mit?«, fragte ich die schmollende Luise.

»Was?« Sie sah mich an, als sei ich übergeschnappt. »Das sind JUNGS! Ich kann doch nicht mit JUNGS spielen!«

»Warum nicht?«, fragte ich verwirrt.

»Mit Jungs kann man nicht spielen! Weißt du das nicht?«

Das überraschte mich tatsächlich; immerhin war ich auch mal ein Junge: »Als ich dich gestern abgeholt habe, habt ihr Mädchen doch auch mit den Jungs gespielt!«

»Nein!«, sagte Luise empört. »Das war Jungsalarm!«

Jungsalarm, bekam ich aus meiner Tochter heraus, bestand darin, dass eine Horde Jungs im Sandkasten eine flache Grube grub, je nach Jahreszeit Brennnesseln, Steine oder Eiszapfen hineinwarf und dann auf Mädchenjagd ging. Die gefangenen Mädchen hatten sich in die Grube zu kauern, bis die Jungs sie gnadenhalber freiließen oder zum Essen mussten. Und konnten noch froh sein, bei diesem steinzeitlichen Ritual überhaupt mitwirken zu dürfen. Denn ansonsten wollten die Knirpse streng unter sich bleiben, wenn sie Bauarbeiter spielten. Oder Müllmann. »Oder Star Wurst«, raunte meine Tochter bedeutsam.

»Star Wurst?«

»Das mit den Raumschiffen. Und dem Schießen!«

Ich hatte den Verdacht, dass Luise die Fronten zu krass darstellte, und startete spontan einen Versuch, die Geschlechter zu versöhnen.

»Dürfen kluge große Mädchen bei euch mitspielen?«, fragte ich die drei Schiffsreisenden.

Sie sahen mich an, als sei ich ein Alien. »Nein!«, sagte einer. »Mädchen sind dafür nicht stark genug!«

Während ich mich noch bei meiner Tochter für mein hochpeinliches Eingreifen entschuldigte, kam zum Glück ihre Freundin Mia.

»Seltsam«, sagte ich daheim zur Liebsten, »ich hatte bis jetzt nicht das Gefühl, dass unser Kindergarten so altmodisch ist ...«

Sie lachte. »Nicht der Kindergarten, die Kinder!« Ob mir nicht aufgefallen sei, dass die Mädchen am Freitag, dem Spielzeugmitbring- und Verkleidungstag, immer Feen- und Prinzessinnenkleidchen anlegten, die Jungs aber Ritter- und Cowboykluft?

Beim Googeln fand ich heraus, dass Kinder die geschlechterklischeehaften Verhaltensweisen ihrer Eltern unbewusst kopieren. Ich konnte mich zwar nicht erinnern, wann meine Liebste zuletzt im Feenkleid und Zaubersprüche murmelnd durch die Wohnung geschwebt war, aber eins stimmte: Ich hatte das noch niemals getan. Sonst verhielt ich mich wenig stereotypisch. Ich machte Frühstück. Ich kochte und räumte die Spülmaschine ein. Ich säuberte den Ofen und das Badezimmer. Und als wir abends essen gingen, achtete ich darauf, dass die Liebste bezahlte.

»Findest du, dass ich ein Macho bin?«, fragte ich sie.

»Im Moment nicht«, sagte sie.

»Führen wir eine zeitgemäße, gleichberechtigte Beziehung?«, fragte ich.

»Wahrscheinlich. Wenn du auch mal die Waschmaschine ...«

»Wieso ist dann unsere Tochter so?«

Im Kindergarten fragte ich Martha, die Erzieherin, ob sie auch glaube, dass im Moment eine Generation heranwachse, die dabei war, sämtliche Errungenschaften weiblicher wie männlicher Gleichberechtigung brutal in die Tonne zu treten.

Sie schüttelte den Kopf. »Die Kinder wollen sich ihrer Identität als Mädchen und Jungen versichern«, sagte sie. »Das ist wichtig für die Entwicklung. Und geht wieder vorbei.«

Ich fragte, ob man seinem Kind helfen könne, sich von den überkommenen Rollenbildern zu lösen. »Würde es helfen, wenn ich meine Hemden nicht mehr in die Wäscherei gebe, sondern zu Hause bügle? Wissen Sie, ich bin sonst nicht sehr klischeehaft ...«

Martha lachte, es klang, als lache sie mich aus. »Wetten, dass Sie sich schon sehr klischeehaft verhalten haben?«

»Niemals!«, sagte ich.

»Doch. Als Ihre Tochter noch kleiner war: Sind Sie da nicht vorsichtig mit ihr umgegangen? Haben nicht ganz so wild mit ihr gespielt? Viel mit ihr gesprochen? Sie nichts Schweres tragen lassen?«

»Natürlich«, rutschte mir heraus. »Sie ist ja auch ein Mädchen! ...«

Kuscheltiere sind auch Menschen

Meine Liebste übertreibt manchmal, wie alle Mütter. Neulich als wir aufbrachen, hielt sie Elchi in der Hand. »Ach so«, sagte sie, als ich sie darauf aufmerksam machte. Ging ins Wohnzimmer zurück und setzte Elchi aufs Sofa. Auf zwei Kissen übereinander. So, dass Elchi bequem aus dem Fenster gucken konnte.

Was er natürlich nicht konnte. Denn Elchi ist Luises Stoff-Elch.

Das wäre normalerweise nicht weiter bemerkenswert gewesen. Aber unsere Tochter war längst im Kindergarten.

»Na und?«, fragte die Liebste, als ich sie darauf ansprach. »Soll es Elchi nicht trotzdem gut haben?«

In gewisser Weise kann ich meine Frau sogar verstehen. Luises Kuscheltiere und -puppen gehören längst zu unserer Familie, weil unsere Tochter ohne sie kaum einen Schritt tut. Etwa 30 sind es insgesamt; zum engeren Kreis gehören Kuschelschaf

Mehmeh, die Puppen Lizzy und Rosa, der Teddy, der auch Luise heißt, und der Hund Maja.

Von den übrigen hat immer jemand abwechselnd Konjunktur. Bärin Holly darf mit in den Kindergarten. Einhorn Klara sitzt beim Essen auf dem Tisch. Stoffwolf Wölfi darf beim Zähneputzen zuschauen. Und wenn Luise ins Bett geht, kuschelt sie möglichst viele der Spielgesellen um sich herum.

Man weiß, wie wichtig Kuscheltiere für die Entwicklung der emotionalen Intelligenz sind. Also machen wir mit verstellten Piepsstimmen mit, wenn Luise dem müden Schäfchen Mehmeh eine Gutenachtgeschichte erzählt, sie die Puppen Lizzy und Rosa ihre Haarspangen vergleichen lässt oder wenn (so heiser war ich noch nie) Wölfi und Maja sich streiten, bis einer von uns Eltern ein Machtwort sprechen muss: »Nein, Wölfi, Luise hat recht, Maja hat das gemalt, und du hast es einfach zerknüllt. Jetzt entschuldige dich!«

So weit, so gut. Aber dann ließ sich meine Liebste von unserer Tochter überreden, den Bären Puschelohr mit zur Arbeit zu nehmen. Luise fand es lustig, sich vorzustellen, dass Puschelohr sich in Mamas Büro umsah, während sie selber im Kindergarten war. Und abends befragte sie Puschelohr ausführlich, wie es beim Arbeiten gewesen war. Am nächsten Tag war das Häschen Schnuppel dran. Dann das Häschen Zucki.

»Puh«, raunte mir die Liebste abends zu. »Fast hätte ich heute vergessen, Zucki aus der Tasche zu nehmen und auf den Schreibtisch zu setzen. Das arme Ding.«

»Arm, ach ja?«, fragte ich.

»Na, den ganzen Tag in der dunklen Tasche! Würde dir das Spaß machen?«

»Nein«, sagte ich, »aber es gibt einen Unterschied zwischen Zucki und mir!«

»Ach so, natürlich!« Die Liebste tat, als erröte sie. »Wie dumm von mir!«

Aber irgendwie hatte ich den Verdacht, dass für meine Liebste Luises Stoffgesellen längst den Stellenwert von lebenden Haustieren besaßen. Mindestens.

Gut, auch ich nahm meiner Tochter zuliebe Küken Küki mit auf eine längere Reise. Wenn ich dann abends mit daheim skypte, ließ ich Küki ein, zwei Sätze piepen und ein irres Hexenlachen von sich geben, woraufhin alle Leute in der Hotellobby zusammenfuhren. Und Luise freute sich sehr. Aber niemals zog ich Küki in Abwesenheit meiner Tochter ein Nachthemd an und fragte, ob ihm auch nicht zu kalt sei, wie es die Liebste eines Abends mit Luises Puppen machte.

»Nein, alles gut, mir ist schön mollig!«, ließ sie eine Puppe zurückpiepsen.

»Mir auch!«, piepste die andere.

»Dann ist ja gut! Legt euch hin!«, sagte meine Liebste, wieder mit normaler Stimme, bevor ich ins Kinderzimmer kam.

»Wo ist Luise?«, fragte ich.

»Putzt sich im Bad noch die Zähne«, sagte sie. »Was hast du?«

Beim Googeln fand ich heraus, dass das Einbeziehen der Puppen und Kuscheltiere in die elterliche Fürsorge gar kein seltenes Phänomen war. Manche Eltern fühlten sich sogar verpflichtet, sich solcher einst geliebten Gesellen anzunehmen, die vom Kind plötzlich zu Unrecht vernachlässigt wurden. Denn es sei zwar sehr unwahrscheinlich, aber man wolle nicht völlig ausschließen, dass ein Stofftier oder eine Puppe nicht doch etwas Ähnliches empfinden könne wie Einsamkeit und Trauer. Oder auch Freude und Glück. Ein Vater aus Eisenhüttenstadt schwor Stein und Bein, dass der Teddy seines kleinen Kevin-Roy lächeln konnte.

Als Luise nicht da war, erzählte ich meiner Liebsten davon. Sie hörte kaum zu, denn sie war damit beschäftigt, Holly so neben Elchi zu setzen, »dass die beiden sich unterhalten können«. Am folgenden Tag legte sie ein geöffnetes Buch vor die beiden, »nur, um zu sehen, ob Luise es merkt«.

Luise merkte es nicht. Aber am Abend sah ich – meine Liebste beteuerte, sie habe damit nichts zu tun –, dass das Buch zugeschlagen war.

Ich legte den beiden ein neues Buch hin.

Christkind vs.
Weihnachtsmann

Papa? Wann kommt der Weihnachtmann?«
»Du weißt doch«, antwortete ich meiner Tochter Luise, »bei uns kommt das Christkind. Nicht der Weihnachtsmann.«

»Papa«, rief Luise unwirsch, »du verstehst das nicht.« Sie zeigte auf ihren Adventskalender. »Hier ist der Weihnachtsmann im Bild!«

Es stimmte. Der Kalender war so bunt, dass wir es beim Kauf nicht bemerkt hatten. Oben, im Himmelstor, schwebte zwar wie von uns vorgesehen das Christkind. Aber ganz unten, quasi aus der Hölle, grinste zwischen Weihnachtskugeln ein Cocacola-rot-weiß gekleideter Weihnachtsmann hervor. »Nein, das ist der Nikolaus«, sagte ich reflexhaft.

»Papa«, rief Luise wieder, »so ein Quatsch! Der Nikolaus war doch schon da. Das ist der Weihnachtsmann!«

Ich lenkte ab: Wir kämen zu spät in den Kindergarten.

»Da kommt auch der Weihnachtsmann!«, rief Luise. »Bei Mia auch. Und bei Valéria …«

Uns war klar gewesen, dass wir mit unserer süddeutsch-katholisch gefärbten Weihnachtstradition in Deutschlands Norden in der Diaspora lebten. Wir hatten aber nicht damit gerechnet, dass sich das so schnell zu einem Konflikt auswachsen könnte.

Jedenfalls kam Luise ziemlich aufgeregt aus dem Kindergarten zurück und erzählte, eine Erzieherin habe eine Geschichte vorgelesen, in der ein Mädchen sehnsüchtig auf den Weihnachtsmann wartete. Der aber so dick war, dass er nicht durch den Kamin passte.

»Papa«, sagte Luise, jedes Wort betonend, »da war kein Christkind!« Sie sah mich an wie den Lügner – der ich natürlich war.

Meine Liebste sagte schnell, dass zu den einen Leuten der Weihnachtsmann käme und zu den anderen das Christkind. Dass die zwei sich den Job aufteilten, weil es so viele Kinder gebe. Und bei uns sei halt das Christkind dran, gut auch deshalb, weil wir gar keinen Kamin hätten.

Luise hatte Tränen in den Augen. »Der Weihnachtsmann soll kommen!«, rief sie. »Er kommt zu allen, nur nicht zu mir!«

Das stimmte nicht ganz, wir hatten hastig herumgefragt: Zu Leonie kamen skandinavische Wichtel. Bei Luca hieß der Weihnachtsmann Santa Claus, wie in den Filmen, die unsere Tochter zum Glück noch nicht guckte. Aliyas Eltern, die als Muslime trotzdem Weihnachten feiern wollten, dem Mädchen zuliebe, hatten sich leider für den Weihnachtsmann entschieden, den Aliya seit Wochen aus der

Balkondeko von gegenüber winken sah. Aber bei Leon …

»Hör mal, Luise«, sagte meine Liebste, »zu Leon kommt doch auch das Christkind!«

»Na und?«, rief Luise. »Leon ist wurschtegal. Leon ist nur ein Junge!«

Meine Liebste und ich zogen uns zur Beratung zurück.

»Wir sollten vermeiden, dass sich unsere Tochter wegen unseres Glaubens diskriminiert fühlt«, sagte ich. »Wären wir eventuell bereit – zu wechseln?«

»Wie einen Stromanbieter?« Meine Liebste bekam einen Lachanfall.

Wir kehrten zu unserer Tochter zurück, die ziemlich kompromisslos aussah.

»Ich will den Weihnachtsmann!«, eröffnete sie.

»Warum?«, fragte ich

»Er hat einen großen Schlitten mit Geschenken und kann auf unserem Balkon landen«, rief sie. »Und er hat Rudolph dabei!«

»Rudolph?« So hieß der Vater von Niklas aus dem Vorderhaus.

»Papa, Manno, der Hirsch! Der Hirsch mit der roten Nase.«

»Aber das Christkind hat einen noch größeren Schlitten«, sagte ich. »Mit noch mehr Geschenken.«

Ich sah meiner Liebsten sofort an, dass sie das für unlauter hielt.

Aber Luise fragte: »Warum?«

Ich warf meiner Liebsten einen hilfesuchenden Blick zu.

»Weil …«, sagte sie, »weil … das Christkind nicht so viel tragen kann.«

»Warum?«

»Weil das Christkind kleiner ist. Und weil es ein Mädchen ist ...«

Luise riss beeindruckt die Augen auf. »Ein Mädchen?«

Wir nickten.

»Das Christkind soll kommen!«, juchzte Luise.

Am nächsten Tag rief Annas Mutter an. Um uns zu erzählen, dass ihre Tochter wolle, dass bei ihnen künftig auch das Christkind käme, weil es ein Mädchen sei. Und dass sie das sehr gut fände, für die Sache der Frauen.

Rosalie-Phobie

Ich wollte nur mal anrufen«, sagte meine Liebste. Sie hatte einen freien Tag und war mit unserer Tochter daheim. Ich dagegen war im Büro und merkte sofort, dass etwas nicht stimmte. Ihre Stimme klang anders. Gepresst.

»Was ist los?«, fragte ich alarmiert. »Kannst du sprechen?«

»Ja«, sagte sie.

»Wie geht es Luise?«

»Gut«, sagte sie.

»Wie geht es dir?«

»Eigentlich gut …« Ihre Stimme versagte.

Durch meinem Kopf jagten diverse Bedrohungsszenarien. Luise rief fröhlich ins Telefon: »Papa, wir haben Besuch von Rosalie!«

Ich wusste nicht, ob ich das beruhigend finden sollte. »Wer ist das? Was will sie?«

»Sicher zu essen!«, rief Luise. »Aber bei uns gibt es keine Fliegen!«

Aufatmend sank ich auf meinen Stuhl zurück.

»Rosalie ist ein Frosch?«

»Eine Minispinne!«

Hellauf erleichtert sagte ich zu meiner Liebsten, dass sie wahnsinnig sei und nicht viel gefehlt hätte und ich mit dem SEK zu Hause aufgetaucht wäre.

»Das tut mir leid«, sagte sie. »Ich wollte nur mal mit dir reden. Über die – süße Rosalie.«

Diese Worte über eine Spinne aus dem Mund meiner Liebsten waren schon ziemlich erstaunlich.

»Wie groß ist sie«, fragte ich.

»Mindestens einen Zentimeter, inklusive Beinen.«

Das war etwa die Dimension, bei der sie für gewöhnlich türenknallend das Zimmer verließ oder zu etwas griff, was sich als Waffe eignete. Nein, Spinnen und ähnliches Getier gehören nicht zu den Lieblingen meiner Liebsten. Die Belegschaft eines Berliner Restaurants wird sicher nicht so schnell den Tag vergessen, an dem man ihr zum Salat versehentlich eine Schnecke servierte. Die meine Liebste samt Salat im Affekt zurück in die Küche pfefferte.

»Wo ist denn die kleine Spinne?«, fragte ich.

»Im Wohnzimmer. Vor der Balkontür«, sagte sie. »Und sie guckt so seltsam,« flüsterte sie. »Geh ruhig näher ran und schau dir die süße kleine Rosalie an, Luise«, sagte sie laut.

Allein diese Worte mussten sie große Überwindung kosten.

»Ich habe angerufen, weil ich etwas vorhabe«, flüsterte die Liebste. »Ich werde mich jetzt weiter unheimlich beherrschen. Und dann werde ich diese Spinne auf die Terrasse setzen, wo sie ihre Fliegen fangen kann.«

Ich lachte erst, denn ich dachte, sie mache einen Witz. Vor allem: Um eine Spinne irgendwohin zu setzen, muss man ihr viel näher kommen als auf Lexikonwurfweite.

»Ich werde das tun«, sagte meine Liebste leise und tapfer. »Ich möchte nicht, dass Luise sich später mal so anstellt wie ich, verstehst du? Sie soll ein ganz unverkrampftes, unbelastetes Verhältnis zu diesen furchtbaren Tieren haben.«

Es war großartig, wie sie unserer Tochter zuliebe über sich hinauswuchs. Auch wenn mir dabei einfiel, dass auch ich gut daran täte, meine absurde Höhentechnikangst zu überdenken: Luise war schon alt genug, um Ski zu fahren. Und beim Skifahren ist es wirklich sehr zeitraubend, auf Lift und Seilbahn zu verzichten.

»Wo bist du jetzt?«, fragte ich die Liebste.

»Nur noch ein paar Meter von dem Tier weg. Die tut nichts, Luise. Die ist so klein und du bist so groß. Weißt du, Spinnen haben Angst vor Menschen!« Ihre Stimme klang krächzend.

»Sehr gut«, lobte ich.

»Wir haben sie Rosalie genannt«, flüsterte sie, »denn das macht sie schon weniger schrecklich …«

»Tolle Idee!«, sagte ich.

»Glaubst du, sie springt einen vielleicht an?«

»Ausgeschlossen, das ist sicher keine Springspinne!«, sagte ich forsch. »Du musst dir keine Sorgen machen!«

Die Liebste fragte zum Glück nicht, woher ich das wisse, wenn ich die Spinne nicht einmal gesehen hätte. Und ich hoffte sehr, dass auch die Spinne mich jetzt nicht enttäuschte.

»Ich habe mich ihr noch weiter genähert«, rapportierte die Liebste, Triumph in der Stimme.

»Mama, darf ich sie streicheln?«, krähte Luise im Hintergrund.

»Lieber nicht, wir wollen die süße kleine Rosalie doch nicht erschrecken. Dann läuft sie weg und versteckt sich, und wir können ihr nicht mehr helfen. Wir wollen sie doch vor die Tür setzen ...«

»Mama«, rief Luise. »Rosalie hat gar keine Angst vor mir. Sie läuft nicht weg!«

»Ach, Rosalie ist vielleicht nur müde, Schatz«, sagte die Liebste laut. »Können Spinnen Tollwut haben?«, flüsterte sie.

Ich beeilte mich zu sagen, dass das noch niemals vorgekommen sei und es viel wahrscheinlichere Gründe gebe, warum eine Spinne nicht fliehe. Etwa, wenn sie eine außergewöhnlich dumme Spinne sei, was zugleich bedeute, dass sie sehr harmlos sei.

Meine Liebste atmete ein paar Mal durch.

»Gut, Luise«, sagte sie laut. »Dann setzen wir sie jetzt auf die Terrasse. Ich hole nur schnell ein Glas und eine Postkarte ...«

»Brauchen wir gar nicht Mama«, rief Luise, »man kann doch Rosalie auch ganz vorsichtig auf die Hand krabbeln lassen.«

»Oh nein, lass das, Finger weg, bleib weg, igitt, ... äh, gute Idee, so kann man das auch ... aber lass lieber mich das machen!«

»Du musst das nicht, wenn du nicht willst!«, rief ich. »Lass doch einfach Luise ...«

»Doch, ich mache das«, sagte die Liebste mit dem Mut einer Löwenmutter. »Ich habe schließlich keine Angst, Rosalie ist doch eine liebe kleine Spinne, nicht wahr, Luise, mein Schatz bitte geh mal zur Seite, ich gehe einfach zu Rosalie hin, noch näher, ich strecke die Hand aus, und dann – oh!«

Die Liebste schwieg.

»Hallo!«, röhrte ich. »Hallo, bist du noch da? Hallo! Was ist passiert?«

»Rosalie«, sagte sie, »... – ist ein Fussel.«

In der Weihnachtsbäckerei

Wir waren uns einig: Unsere Tochter sollte sich später einmal an ein wundervolles Plätzchenbacken erinnern. Mit Kerzenschein, Gesang und all ihren Kindergartenfreundinnen. Luise nannte die Namen von zehn Mädchen. Wir lachten. Sie protestierte, sie habe eben so viele Freundinnen, »hallo!?« Am Ende handelten wir sie auf sechs herunter. »Nur für den Fall des Falles« wollte meine Liebste trotzdem Malin dazuholen. Malin ist Mitte 20 und passt ab und zu auf Luise auf. »Ich werde ganz schön mit dem Backen beschäftigt sein, und sieben Kinder sind vielleicht etwas viel ...« Ich war einverstanden, weil ich dann zwischendurch bequem noch etwas arbeiten konnte.

Luises Freundinnen zeigten sich begeistert von unserem Vorhaben, ihre Eltern noch mehr. Mias Eltern verschoben sogar ihre Abreise in den Urlaub. »Seid ihr sicher, dass ihr das wirklich wollt?«, scherzte die Mutter von Leonie, als der Tag da war und sie ihre Kleine samt Teigroller und Förmchen bei uns ablieferte. Wir lächelten.

»Wenn ihr nicht mehr könnt: Ruft mich an!«, sagte Mias Mutter. »Ich sitze die ganze Zeit neben meinem Handy. Oder soll ich gleich hierbleiben?« Sie meinte es offenbar ernst. Wir versicherten, das sei nicht nötig. Annas Papa gab mit seiner Tochter eine kleine Flasche Kirschschnaps ab. »Für eure Nerven!« Offenbar neigen Eltern in der Vorweihnachtszeit zu Hysterie.

Alle sieben Mädchen saßen brav um unseren Tisch, rollten hoch konzentriert ihre Teigstücke aus und baten sich gegenseitig ausgesucht höflich – »kann ich bitte vielleicht mal« – um die Förmchen. Malin und ich berieten sie beim Dekorieren der Plätzchen und sammelten die fertigen ein, bevor zu viele gegessen wurden. Meine Liebste versorgte Ofen und Herd. Ich schoss ein paar idyllische Fotos und mahnte Sophie, nicht zu viel Teig zu essen. Dann wollte ich mich zurückziehen, um ein paar Zeilen zu schreiben.

In diesem Moment rannte Lilly in den Flur und holte aus ihrem kleinen Rucksack etwas, das blinkte und piepte und aussah wie ein Gameboy für Kleinkinder. Ich eskortierte sie zurück zum Tisch und ließ das Ding verschwinden. Zu spät.

Lilly protestierte. Sophie begann übergangslos zu schluchzen. Maja schnippte eine Teigkugel zu Leonie. Leonie schlug nach ihr. Malin versuchte, die Mädchen zu beruhigen, aber Sophie heulte nun lauthals, weil die anderen mehr Plätzchen ausgestochen hatten als sie.

»Hört mal, wir singen etwas!«, rief ich. »In der

Weih-nachts-bä-cke-rei / gibt's so man-che Schle-cke-rei / zwischen Mehl und Milch ...«

Niemand sang mit. Luise und Anna spielten Fangen um den Tisch. Sophie heulte weiter, diesmal, weil ihr Plätzchen verschwunden war; mutmaßlich in Mias Mund. Maja musste furchtbar dringend und wurde von Malin ins Bad gebracht. Und Lilly stapfte auf ihren Rucksack zu, um sich das blinkende Teufelsding zurückzuholen.

Ich beschloss, das Arbeiten auf einen späteren Zeitpunkt zu verschieben, zumal unsere Tochter Luise tat, was sie sonst nie tat: kreischend vom Tisch springen. Anna stand im Weg und musste auf Malins Arm. Mia machte sich an unserem Kühlschrank zu schaffen und rief, sie wolle Senf, und das lasse sie sich nicht verbieten.

Leonie und Maja waren verschwunden; ich fand sie im Schlafzimmer auf unserem Bett herumhüpfend. Meiner Liebsten beschlug die Brille, während die Plätzchenmarmelade überkochte. Nur Sophie saß mit seligem Gesichtsausdruck am Tisch und verzehrte ein großes, auffallend blasses Plätzchen. Ich erinnerte mich an das Hilfsangebot von Mias Mutter, lief ins Bad, damit die Schreie nicht so laut zu hören waren, und rief sie vom Handy aus an.

Sie nahm nicht ab. Dafür trat ich in eine Urinlache. Beim Rauskommen stolperte ich über Mia, die mit einer Kinderschere meinen Reisepass zerschnitt. Malin wischte hektisch Blut vom Fußboden. Es gehörte Maja, die kreischend bei meiner Liebsten auf dem Schoß saß. Aus dem Backofen stieg Rauch auf. Das Telefon schrillte – wahrscheinlich die Nachbarn.

Ich riss das Backblech aus dem Ofen und schleuderte es auf den Balkon. Dann trieb ich alle Kinder in Luises Zimmer, warf ein paar Handvoll Plätzchen hinterher und setzte mich vor die Tür. Irgendwann kamen die Eltern. Sie lobten uns in höchsten Tönen und bewunderten die Mengen an selbst gebackenen Plätzchen, die meine Liebste hastig aus der Konditorei geholt hatte. »Wie habt ihr das nur hingekriegt?«, rief Mias Mutter. »Bei uns war das jedes Mal eine Katastrophe. Bitte, bitte: Ihr müsst das nächstes Jahr wieder machen!«

Meine Liebste und ich nickten geschmeichelt. »Sag mal«, sagte Leonies Vater, »fehlt da ein Stück Putz an der Wand hinter dem Tisch?« Ich dachte an Sophies großes, auffallend blasses Plätzchen. Nur kurz.

Weihnachtsmann light –
ganz easy ...

Ich hatte mir geschworen: Diesmal würde ich bei den Nachbarn nicht den Weihnachtsmann machen. Diesmal nicht. Aber meine Liebste trickste mich aus. »Ich habe mit Susanne und Jens schon alles ausgemacht«, sagte sie mit leuchtenden Augen. »Susanne spielt für unsere Luise das Christkind. Und du bei Jonas wieder den Weihnachtsmann. Toll, was?«

»Hm«, sagte ich.

»Ach komm! Susanne kommt zu uns ins Wohnzimmer, ruft ›Hui-Hui-Hui‹, spielt auf ihrer Harfe, verstreut Glitzerstaub und muss wieder weg sein, bevor wir erstaunt aus Luises Zimmer kommen. Du musst einfach nur nebenan den Sack vor die Wohnungstür stellen, klopfen, rufen und wieder gehen. Ohne Verkleidung. Ohne Harfe. Weihnachtsmann light – ganz easy!«

Easy war relativ. Jonas war sieben Jahre alt und ein äußerst skeptischer Junge. Im vergangenen Jahr hatte er die Tür aufgerissen, kaum war ich fertig mit Klopfen und Klingeln. Ich war hastig zurück in unsere Wohnung gestürzt und hatte den Atem angehalten, bis es schellte. Es war Jonas, der stirnrunzelnd fragte, ob ich den Weihnachtsmann gesehen habe, er müsse bei uns in der Wohnung sein.

»Jetzt ist der Junge acht und noch viel misstrauischer«, sagte ich. »Überhaupt: Glaubt er wirklich noch an den Weihnachtsmann? Oder sind es nur die Eltern?«

»Du schaffst das!«, sagte die Liebste mit eisernem Lächeln. »Und komm bloß nicht auf die Idee, ihn vorher aufzuklären. Denk an deine Tochter und ihr Christkind!«

Ich beschloss, mir zumindest ein Kostüm zuzulegen, falls Jonas die Tür wieder zu früh aufriss, idealerweise ein Weihnachtsmannkostüm. »Da hätten Sie im vorletzten Sommer kommen müssen«, kicherte der Kostümverleiher eine Straße weiter. »Alles, was ich noch habe, sind eine Sexy Vroni und ein Zombie. Oder Sie nehmen das alte Osterhasenkostüm aus dem Schaufenster. Ich gebe Ihnen noch einen weißen Bart dazu. Einen Moment ...« – er nahm das Telefon ab, redete kurz und legte wieder auf – »... der Zombie ist weg. Also: Sexy Vroni oder Osterhase?«

Ich bin eher groß, und das Osterhasenkostüm war eher klein. Ich probierte es in unserem Bad an und rief die Liebste. Nachdem sie längere Zeit geschrien und gejapst hatte, unterbreitete ich ihr meinen Plan, nach dem Türakt bei den Nachbarn nicht zurück zu unserer Wohnung, sondern zum bereits wartenden Fahrstuhl zu laufen, nach unten zu fahren, mich im

Wäschekeller des Kostüms zu entledigen und Minuten später mit unschuldigem Blick wieder nach oben zu kommen.

»Gut«, sagte die Liebste. »Dein Einsatz ist um Punkt fünf. Die Geschenke stehen eine halbe Treppe tiefer. Und beeil dich. Denn zu uns kommt das Christkind um Viertel nach fünf.«

Am Heiligen Abend erhob ich mich um zwanzig vor fünf vom Kaffeetisch, zwinkerte der Liebsten zu, ging ins Gästebad, legte das Hasenkostüm an und schlüpfte aus der Wohnungstür. Als Erstes rief ich den Fahrstuhl. Als Zweites lauschte ich an der Tür der Nachbarn: Jonas spielte mit den Großeltern Raumschiffkrieg. Als Drittes schlich ich eine halbe Treppe tiefer. Dort stand der Jutesack mit den Geschenken.

Ich hatte noch eine Viertelstunde Zeit. Die nutzte ich, um im Wäschekeller meine Vor-der-Tür-Ansprache für Jonas zu üben. Um drei Minuten vor fünf stand ich wieder auf der Treppe. Dort, wo die Geschenke vorhin noch gewesen waren.

Jetzt waren sie weg.

Ich zwang mich, ruhig zu bleiben. Vermutlich nahmen Jonas' Eltern noch letzte Korrekturen vor und würden den Sack gleich wieder herausbringen. Um fünf nach fünf wurde ich doch unruhig. Ich zog mein Handy und rief bei Susanne und Jens an. »Hallo, ist da der Weihnachtsmann?« Es war Jonas. Wortlos legte ich auf und wählte wieder. Diesmal war Jonas' Großvater dran, der schrie, ob ich der schamlose Wicht sei, der gerade grußlos aufgelegt habe, und das zu Weihnachten. »Falsch verbunden«, rief ich mit Piepsstimme.

Ich rief meine Liebste an, um zu fragen, ob die Nachbarn ihren Plan geändert hätten. Typisch, sie hörte das Telefon nicht. Mittlerweile war es zehn nach fünf. Fluchend hastete ich zu unserer Wohnung, schloss auf. Und stand meiner Tochter Luise gegenüber. Mit weit aufgerissenen Augen sah sie mich an. »Du bist viel zu früh!«, sagte sie endlich. »Du sollst erst zu Ostern kommen! Jetzt ist Weihnachten!«

Ich nickte, zog mich zurück und schloss die Tür wieder. Während ich noch erwog, alles abzubrechen, hörte ich Schritte auf der Treppe. Frau Grolle von unten, in der Hand einen Sack. Den Sack! Sie stieß einen Schrei aus, als sie mich sah, einen unnötig lauten Schrei.

»Alles in Ordnung«, sagte ich und riss ihr den Sack aus der Hand. »Der stand da unten«, stammelte sie, »ich dachte, der Hausmeister hat mal wieder … Warum sehen Sie aus wie ein Reh?« Hinter der Tür der Nachbarn wurde es unruhig. »Könnten Sie jetzt bitte gehen?«, sagte ich hastig. »Ich muss nämlich …« Die Tür der Nachbarn ging langsam auf.

Geistesgegenwärtig zog ich sie wieder ins Schloss und setzte unseren metallenen Küchentrichter an die Lippen: »Hohoho!«, dröhnte ich schaurig. »Hohoho! Von drauß' vom Walde komm ich her, ich muss euch sagen, es weihnachtet sehr.« Hinter mir öffnete sich unsere Wohnungstür. »Luise!«, rief die Stimme meiner Liebsten. »Komm sofort her! Gleich kommt das Christkind.« Unsere Tür fiel zu.

Die Tür der Nachbarn öffnete sich zum zweiten Mal. Ich knallte sie zu. Jemand schrie auf. Ich beschloss, meinen Auftritt abzukürzen, ließ den Sack fallen und sprang zum Fahrstuhl. Er war weg. Frau Grolle! Die Nachbarstür schwang erneut auf.

Ich hechtete zur Treppe, nahm die ersten sechs, sieben Stufen mit einem einzigen Satz. Im Sprung sah ich unsere Nachbarin Susanne aus der Tür treten, mit entgeistertem Gesicht, ihre Harfe in der Hand. Hinter ihr tauchte Jonas auf, den sein Vater verzweifelt versuchte festzuhalten. »Ich wusste es!«, gellte die Stimme des Jungen, als ich auf der Treppe landete und mich verzweifelt zum nächsten Sprung abstieß. »Ich wusste es! Es ist nicht der Weihnachtsmann – es ist der Osterhase!«

Beim fünften Sprung stürzte ich.

Als ich zu mir kam, schnitt mich ein Arzt aus dem Hasenkostüm.

»Nicht zu glauben«, sagte er, »was manche Eltern ihren Kindern für einen Irrsinn vormachen!«